hänssler

Christian Mörken

Feiert Jesus!

Die Story

Hänssler-Paperback
Bestell-Nr. 394.552
ISBN (10) 3-7751-4552-4
ISBN (13) 978-3-7751-4552-7

© Copyright 2006 by Hänssler Verlag, D-71087 Holzgerlingen
Internet: www.haenssler.de
E-Mail: info@haenssler.de
Umschlaggestaltung: Krüger & Ko., Kirchheim/Teck
Satz: OADF, Holzgerlingen
Fotos: Alexander Lucas, Anja Rosker
Druck und Bindung: Ebner & Spiegel, Ulm
Printed in Germany

Die Bibelstellen wurden, sofern nicht anders angegeben, zitiert nach Neues Leben. Die Bibel, © Copyright 2002 und 2005 by Hänssler Verlag, D-71087 Holzgerlingen.

ecpa International Member of the
Evangelical Christian
Publishers Association

Inhalt

Vorwort 7

1. Das kleine rosa Buch oder: Wie alles begann 9
2. Feiert Jesus! Die 2, 3, 4, 5, 6 20
3. Solisten und Musiker — Menschen hinter *Feiert Jesus!* 42
4. Wie kommen die Lieder in das Buch? 72
5. Geschichten rund um *Feiert Jesus!* 80
6. »Meine Lieder« —
   eine persönliche Auswahl von Mitwirkenden 89
7. Von Martin Luther bis Popmusik —
   christliche Musik im Wandel der Zeit 99
8. Praxistipps für Lobpreisleiter 107
9. Praxistipps für Songwriter 118
10. Und was kommt jetzt? 127

Anhang 130

Vorwort

Feiert Jesus! Dass aus dem schlichten Bedürfnis, das »alte rosa Liederbuch« zu ersetzen, im Laufe weniger Jahre mehrere Liederbuchausgaben sowie zahlreiche CD-Produktionen werden und sich daran über hundert Menschen beteiligen würden, hätte sich niemand träumen lassen. Und so ist die Geschichte von *Feiert Jesus!* nicht nur die außergewöhnliche Geschichte eines Liederbuches, sondern fast schon die einer Bewegung.

Es dürfte nicht mehr viele Hauskreisleiter, Teenie- oder Jugendgruppen in Deutschland geben, die *keinen* Stapel *Feiert Jesus!*-Bücher im Regal stehen haben. Durch die Zusammenarbeit mehrerer Jugendverbände verbreitete sich *Feiert Jesus!* von 1995 an rasch durchs ganze Land und darüber hinaus. Offensichtlich war die Zeit reif, und so sind inzwischen über 750 Lieder in drei Büchern erschienen. Mehr als 120 davon wurden auf zwölf CDs verewigt, damit die Lieder ihre Kreise ziehen konnten. Viele etablierte Sänger und Musiker haben dabei mitgewirkt, und für manchen markierte *Feiert Jesus!* den Ausgangspunkt seines musikalischen Schaffens. Musiker wie Albert Frey und Andrea Adams-Frey, Jo Jasper, Anja Lehmann, Marcus Watta, Thea Eichholz-Müller, Johannes Falk, Sebastian D. Cuthbert, Sarah Brendel und viele andere gehören längst zum festen Stamm der christlichen Musikszene.

Doch *Feiert Jesus!* war von Beginn an dafür gedacht, Christen und Gemeinden in Lobpreis und Anbetung zu unterstützen. Tausende haben seitdem davon Gebrauch gemacht, neue Lieder in die Gottesdienste und Kirchen getragen und mit Leben gefüllt. Und so gibt es viele Geschichten rund um *Feiert Jesus!* – von mitwirkenden Musikern und Sängern; von Menschen, die auf ganz eigene Weise mit den Liedern in Berührung gekommen sind oder besondere Erfahrungen im Zusammenhang mit diesem Projekt gemacht haben.

Die Entstehungsgeschichte, Hintergrundinformationen und Geschichten rund um *Feiert Jesus!* stehen im Mittelpunkt dieses Buches. Es eignet sich für eine fortlaufende Lektüre von Anfang bis Ende. Andererseits sind die zehn Kapitel in sich abgeschlossen und können einzeln, für sich gelesen werden. Aus allen Puzzleteilen entsteht ein Gesamtbild der schier atemberaubenden Story von *Feiert Jesus!*.

1. Das kleine rosa Buch oder: Wie alles begann

Ein kalter Montagnachmittag in Heidelberg. Der Himmel ist grau, es regnet und ich komme gerade von einer Auslandsreise zurück. Hundemüde bin ich im Zug von Stuttgart eingeschlafen und habe es gerade noch rechtzeitig geschafft, in Heidelberg auszusteigen.

Noch ein wenig abwesend, sitze ich nun auf einem Sofa in einem großen Raum zwischen Kabeln, Mischpulten, Verstärkern, Gitarrenständern und vielerlei technischem Gerät, auf den Ohren ein paar Kopfhörer. Rechts neben mir sitzt Produzent Albert Frey, vor sich ein großes Mischpult samt Monitor. Zu meiner Linken hat es sich Gitarrist Marcus Watta bequem gemacht. Seine akustische Gitarre auf den Knien, gleiten seine Finger spielerisch über die Saiten, während sein Blick auf den Noten vor ihm haftet. Mir gegenüber sitzt der Hamburger Gitarrist Uli Kringler, der sich gerade durch Alberts Arrangements kämpft und hier und da mit der Rhythmik hadert. Hinter einem wunderschönen schwarzen Flügel wippen ein paar weiße Turnschuhe. Sie gehören zu Florian Sitzmann, der entspannt den Kopf hin und her wiegt und über die Noten blickt. Neben ihm steht noch ein *Fender Rhodes*, ein besonderes Keyboard mit Orgel-Sound. Mit der rechten Hand auf dem Flügel und der linken auf dem *Fender Rhodes* spielt Florian kleine Melodieteile, so genannte Fills, und verfolgt die Diskussion zwischen Uli und Albert. Albert möchte das Lied *straight*, also nicht zu verspielt und ohne große Schnörkel aufnehmen, gerade heraus. Ulis Antwort wird von der Stimme des Bassisten aus dem Lautsprecher übertönt.

Tatsächlich sitzt Peter Neubauer, Urgestein bei *Feiert Jesus!*, zusammen mit Schlagzeuger Daniel Jakobi im Nebenraum, von wo aus sie ihren Teil beisteuern.

Der Mann für die leisen Töne: Der Hamburger Gitarrist Uli Kringler spielt sich warm für die Aufnahmen zu *Feiert Jesus! 12.*

Die Musiker stecken mitten in den Aufnahmen zu *Feiert Jesus! 12.* Dazu wurden einige der Räumlichkeiten der Freien evangelischen Gemeinde Heidelberg in ein Tonstudio verwandelt, mittlerweile zum siebten Mal. Die Zimmer zwischen Kinderraum und Küche sind leer geräumt worden: Stühle, Bücher, Tische wurden in Nebenräumen untergebracht, um Platz zu schaffen für Schlagzeug, Verstärker, Kabel und eine Gesangskabine. In letzterer tummeln sich an diesem Tag Andrea Adams-Frey, Jo Jasper (Ex-Pro-Joe) und Johannes Falk. Während die Instrumentalisten immer noch über das Arrangement des Titels diskutieren, hört man, wie die drei Sänger sich in ihrer Kabine warmsingen. Die Kabine ist gerade einmal zwei mal drei Meter groß.

Der gemütliche Bassist Peter Neubauer sorgt für einen soliden Rhythmus.

Heute ist der erste Aufnahmetag für *Feiert Jesus! 12* und für die Aufnahmen wurden insgesamt drei Tage angesetzt. Mittlerweile ist es 18.00 Uhr und von den geplanten zwölf Titeln ist gerade einmal einer »im Kasten«. Die Musiker und Sänger arbeiten nun am zweiten Titel und hoffen diesen schnell einzuspielen, um das Tagesziel von drei Titeln doch noch zu schaffen. Nach den ersten zwei Durchgängen ziehe ich mich in den Empfangsraum der Gemeinde zurück und warte auf Lukas Di Nunzio. Wir sind miteinander verabredet, weil Lukas eine ganz besondere Rolle bei *Feiert Jesus!* spielt – er kann zu Recht als einer der Väter dieses Projektes bezeichnet werden.

In der Lobby sitzen zwei Frauen, die geduldig Ostereier schmücken. Sie erzählen, dass sie im Chor bei *Feiert Jesus!* mitgesungen haben, aber nun zu Küchenhilfen »aufgestiegen« sein. Letzteres bemerken sie lachend. Um halb acht kommt Lukas Di Nunzio. Bevor wir uns unterhalten, will er gerne kurz bei den Aufnahmen reinhören, um einen kleinen Eindruck zu erhalten. Nach einer Weile ziehen wir uns in einen ruhigen Nebenraum zurück, und Lukas kann endlich erzählen, was mich heute besonders interessiert: die Story von *Feiert Jesus!*.

Es scheint ihm Spaß zu machen, noch einmal zurückzublicken und die Geschichte von *Feiert Jesus!* zu reflektieren. *»Es ist mittlerweile fast zwölf Jahre her«*, erinnert Lukas Di Nunzio sich. Damals hatte er gerade beim Missionswerk Operation Mobilisation (OM) zu arbeiten angefangen. Eigentlich war er dort für die Lohn- und Gehaltsbuchhaltung für die Mitarbeiter in Deutschland zuständig. Doch schon bald ließ er auch sein musikalisches Interesse in die Arbeit einfließen. *»Da ich ohnehin in die ganzen Veranstaltungen von OM in Deutschland eingebunden war, um mich um die Abrechnung für die Mitarbeiter zu kümmern, begann ich eben auch*

Da wollen wir einmal ein Auge zudrücken – ein Schulmeister will Lukas Di Nunzio nicht sein.

musikalisch dabei mitzuwirken«, sagt Lukas. Nach kurzer Zeit kam man aber an seine Grenzen. *»OM hatte damals dieses eine Liederbuch, ich glaube, es hieß ›Singen von Jesus‹ oder so. Es war auf jeden Fall pink und enthielt vielleicht 150 bis 200 Lieder.«* Wenn man nun wöchentlich in Gemeinden und auf diversen Veranstaltungen spielte, dann waren 200 Lieder ein ziemlich übersichtliches Repertoire. Also begannen Lukas und die anderen Musiker und Sänger, Lieder zu wiederholen. Doch bald kamen sie zu dem Schluss, dass die Lieder einfach nicht ausreichten: Es mussten neue Lieder her, eine größere Auswahl. Je länger Lukas darüber nachdachte, desto drängender wurde dieser Gedanke.

Ein Buch für alle Fälle

Er stellte fest, dass es nicht nur den Musikern so ging, sondern dass auch viele Menschen in den Gemeinden und bei Veranstaltungen ihr Repertoire erweitern wollten. So wurden zunächst viele Lieder auf Overhead-Folien kopiert, um sie in den Gottesdiensten singen zu können. Die Folge war natürlich, dass viele Gruppen im Lauf der Zeit ihre eigene Liedauswahl sangen und es keine gemeinsame Quelle für neues Liedgut gab. Jeder kopierte sich eben das, was er gerade brauchte und was ihm gefiel. Wenn nun Leute aus verschiedenen Gruppen zusammenkamen, blieb ihnen letztendlich nichts anderes übrig, als auf das bekannte, alte Liederbuch zurückzugreifen, da es keine andere gemeinsame »Lieder-Basis« gab. Mit der Zeit wurde klar: Es muss ein neues Liederbuch her! Wohin dieser Gedanke einmal führen würde, das konnte damals niemand ahnen …

Gemeinsam mit OM-Missionsleiter Fritz Schuler machte Lukas sich daran, eine Liste neuer Lieder zu erstellen. Dabei suchten die beiden gar nicht nach neu geschriebenen Liedern, sondern einfach nach Liedern, die gerade im Land ihre Kreise zogen oder die

Lukas in der letzten Zeit begegnet waren. Frank Fortunato, der internationale Musikleiter von OM, war hierbei eine besondere Hilfe. *»Er empfahl uns viele Lieder, darunter viel internationales Repertoire wie zum Beispiel von Spring Harvest, dem englischen Vorbild des deutschen Gemeindeferienfestivals ›Spring‹«*, erinnert sich Lukas. Nach einigen Monaten war eine Auswahl von etwa 120 Titeln zusammengekommen, die für ein neues Liederbuch relevant waren. *»Wir dachten dabei an eine Auflage von etwa 1.000 Stück. Doch wir wussten auch, dass wir einen Verlag brauchen würden, der uns dabei half. Die meisten Lieder waren ja bereits erschienen bzw. verlegt und die Rechte für einen Abdruck mussten jeweils angefragt werden.«*

So kam Lukas mit Günter Hänssler zusammen, den er einige Jahre zuvor bei einem »Ostertreff« kennen gelernt hatte, einer regelmäßigen evangelistischen Veranstaltung von OM. Bei diesem »Ostertreff« hatte Lukas einen Mottosong gespielt, den er extra dafür geschrieben hatte, und dieses Lied war Günter Hänssler, Sohn von Verleger Friedrich Hänssler und im Hänssler Verlag damals verantwortlich vor allem für den Bereich Musik, aufgefallen. Daneben hatte Lukas bereits einige Lieder in dem Liederbuch »Jesu Name nie verklinget« veröffentlicht, das im Hänssler Verlag erschienen war.

Der Jugendleiter —»ein Kind seiner Zeit« ?

Aber Günter Hänsslers Begeisterung für die Idee eines neuen Liederbuches war eher verhalten. Der Grund hierfür hängt mit dem Liederbuch »Du bist Herr 2« zusammen. Gemeinsam mit anderen hatte er mit diesem Liederbuch versucht, neue Lieder im Land zu verbreiten. Günter Hänssler beschreibt diese Erfahrungen folgendermaßen: *»Auch ein christlicher Jugendlicher ist ein Kind seiner Zeit. Deshalb sind alle, die in der Jugendarbeit stehen, mit* *einer Frage herausgefordert: Welche Lieder können jungen Menschen einen anderen, neuen, eigenen Zugang zum Glauben möglich machen? ... In einer Zeit, in der ich selbst am Ringen mit dem Glauben war, hatte ich darum gebetet, dass Gott mir doch Menschen in meiner Altersstufe zeigen sollte, die gläubig und trotzdem fetzig waren. Ich lernte eine Amerikanerin von OM Wien kennen, bei der das zutraf. Durch sie lernte ich auch die Anbetungslieder einer frühen Generation zum Beispiel von ›Jugend mit einer Mission Neuseeland‹ kennen, die einfach klasse waren ... Da fragte man sich natürlich automatisch, welche Möglichkeiten es gibt, dass noch viel mehr junge Christen in Deutschland durch diese Lieder gesegnet werden. Denn in die damaligen Liederbuchserien wie zum Beispiel ›Jesu Name nie verklinget‹ passten diese Lieder nicht so richtig.«* Durch einen Verlagsmitarbeiter kam Günter Hänssler in Kontakt mit einem Pfarrerehepaar, das bereits das Liederbuch »Du bist Herr« verlegt und damit die ersten Schritte unternommen hatte, modernes geistliches Liedgut herauszugeben. Man einigte sich schließlich darauf, das neue Liederbuch »Du bist Herr 2« in einer Koproduktion zwischen dem Ehepaar und dem Hänssler Verlag herauszubringen. Es schien, als hätten die Menschen nur darauf gewartet. »Du bist Herr 2« erreichte innerhalb kurzer Zeit eine Auflage von 100.000 Exemplaren. Doch wie das bei Gemeinschaftsproduktionen so ist: Es lassen sich nicht immer die Vorstellungen aller Beteiligten unter einen Hut bringen. So zog sich der Hänssler Verlag bald aus diesem Projekt zurück und Günter Hänssler legte seinen Wunsch nach der Etablierung eines neuen Liederbuches auf Eis. *»Als dann einige Zeit danach Lukas Di Nunzio auf mich zukam und Interesse an einem Liederbuch hatte, hielt sich meine Euphorie natürlich in Grenzen. Ich fand Lukas zwar nett, aber diese Erlebnisse der letzten Jahre waren tief in mir verankert. Ich wollte nicht von mir aus eine Tür aufmachen, die Gott offensichtlich zugemacht hatte«*, so Günter Hänssler.

Am Ende ließ er sich doch auf das Projekt und eine Zusammenarbeit mit Lukas ein. Er signalisierte sogleich, dass er die Idee noch ein ganzes Stück weiter tragen wollte. Warum nur 120 Lieder für ein neues OM-Liederbuch zusammenstellen? Waren nicht fast alle Verbände mit einer aktiven Musikarbeit ständig auf der Suche nach neuen Liedern? So meinte Günter Hänssler, den Bedarf für ein grundlegend neues, junges Liederbuch bei vielen Gemeindeverbänden und Denominationen ausgemacht zu haben. Er wollte Lukas' Anliegen folglich mit diesem Bedürfnis zusammenbringen. Dies war der erste Schritt, um aus der ursprünglichen Idee, ein Liederbuch für OM herauszugeben, die erweiterte Vision in den Blick zu nehmen, ein neues Liederbuch für mehrere Verbände und Organisationen zu schaffen. Ein Großprojekt, dessen Aufwand sich damals niemand vorstellen konnte. Doch es sollte noch fast ein Jahr dauern, bis *Feiert Jesus! 1* endlich das Licht der Welt erblickte.

Mit großem Elan machte sich Günter Hänssler daran, die verschiedenen Verbände und Organisationen zu kontaktieren. Dabei reichte die Bandbreite von Altpietisten und Gemeinschaftsverbänden über Brüder- und Baptistengemeinden bis hin zu charismatisch-pfingstlichen Gemeinden und Verbänden. Viele von ihnen waren bereit, an dem Projekt mitzuarbeiten. *Feiert Jesus!* bot offensichtlich eine Plattform, auf der Verbände und Gruppen zusammenarbeiten konnten, die sonst eher schwer zueinander fanden. Über unterschiedliche Prägungen und inhaltliche Akzentsetzungen hinweg einigte man sich, gemeinsam ein Liederbuch herauszugeben. Dabei hatte jeder die Möglichkeit, Liedgut aus seinem jeweiligen Wirkungskreis mit einzubringen. Auch verständigte man sich darauf, dass jeder Verband, der bereit war, eine bestimmte Menge an Liederbüchern abzunehmen, diese Teilauflage mit einem eigenen Vorwort und dem Aufdruck des Verbands/Verlagsnamens bzw. Logos auf dem Umschlag »personalisieren«

konnte. So waren die verschiedenen Teilauflagen des Liederbuches zwar grundsätzlich gleich, trugen aber auch die individuelle Note jedes Verbandes.

Und so begann die konkrete Arbeit an dem Liederbuch. Die Kommission, die die Lieder auswählte, bestand aus Herbert Becker, Günter Hänssler, Matthias Hanßmann, Matthias Lutzweiler, Karl-Heinz Neumann, Klaus Nieland, Lukas Di Nunzio, Gerhard Schnitter und Gerhardt Ziegler. Sie wählten Lieder aus, stellten neue Titel vor und präsentierten ihre Favoriten. So wuchs und wuchs das Liederbuch. Bei 256 Liedern setzte man dann schließlich einen Schlusspunkt.

Feiern wir Jesus?

»*Wie ist es eigentlich zu dem Namen für dieses Buch gekommen?*«, frage ich Lukas. »*Wir haben über einen Titel dafür gesprochen und hatten eigentlich die Zeile ›Ich wohne im Lobpreis meiner Kinder‹ im Kopf. Aber irgendwann sagte jemand: ›Warum nennen wir es nicht einfach* Feiert Jesus!*?‹ Und so kam es: Wir nannten das Buch einfach* Feiert Jesus!*, nach dem Lied ›Celebrate Jesus‹.*« Gab es über diesen Buchtitel trotz der großen Bandbreite der beteiligten Verbände überhaupt keine Diskussion? Lukas meint: »*Nein, und wahrscheinlich lag das daran, dass alle die Möglichkeit hatten, ihre jeweilige Auflage individuell für ihren Verband anzupassen, sodass der eigentliche Name dabei etwas in den Hintergrund rückte.*«

Im Herbst 1995 erschien dann das Liederbuch *Feiert Jesus!* und es trat ein, was Lukas Di Nunzio sich nicht hätte träumen lassen: Aus den geplanten 1.000 Exemplaren, die ihm als Ersatz für das alte rosa Liederbuch vorschwebten, waren nun 40.000 geworden, die ins ganze Land gingen. Und selbst diese unglaubliche Menge war wenige Wochen nach Veröffentlichung bereits vergriffen, sodass eine zweite Auflage nachgedruckt werden musste.

Im Eiltempo verbreitete sich das neue Liederbuch. Mit ihm erhielten viele Lieder, die entweder ganz neu waren oder aber bisher nur in bestimmten Kreisen gesungen worden waren, eine große Verbreitung.

Nun war es also da, das neue Liederbuch. Doch damit waren längst nicht alle »musikalischen Probleme« von Lukas Di Nunzio gelöst. Es gab noch ein weiteres Problem und Lukas war sich sicher, dass es anderen Lobpreisleitern und Musikern ähnlich gehen würde wie ihm: Er konnte nämlich keine Noten lesen! So war das Liederbuch für ihn selbst nur von begrenztem Nutzen. Nachdem er Günter Hänssler also erfolgreich dazu gebracht hatte, das Liederbuch herauszugeben, machte Lukas sich nun auf, Günter Hänssler auch noch davon zu überzeugen, dass es zum Liederbuch unbedingt eine CD geben müsste, um die neuen Lieder zu lernen.

Lukas hatte im Sinn, eine CD zu produzieren, auf der zumindest ein Großteil der Lieder kurz angespielt würde, so dass man sich als Musiker einen Eindruck verschaffen konnte. Die erste Strophe und der erste Refrain sollten jeweils eingespielt werden und dies von mindestens der Hälfte der Lieder. Doch Günter Hänsslers Begeisterung für diesen Vorschlag hielt sich in Grenzen. Er sah zwar durchaus die Notwendigkeit, dass die Lieder in irgendeiner Form vorgestellt werden sollten, doch die Idee von Lukas schien ihm viel zu aufwändig. Also schlug Günter Hänssler vor, sich einfach bestehender Aufnahmen der Lieder zu bedienen. So wurde schließlich eine Doppel-CD mit insgesamt 35 Liedern zusammengestellt. Heraus kam ein recht buntes Sammelsurium von verschiedenen Titeln, die unter unterschiedlichen Bedingungen aufgenommen worden waren. Ebenso verzichtete man auf ein erneutes Mastering der Titel, so dass die Lautstärkepegel zwischen den einzelnen Stücken stark variierten. Dies war definitiv keine CD, die man sich gerne anhörte! Aber ihrem eigentlichen Zweck, nämlich das Lernen der Lieder zu erleichtern, wurde sie gerecht.

Nachdem bereits das Liederbuch sich überraschend schnell verbreitet hatte, setzte sich die erste *Feiert Jesus!*-CD ähnlich rasch durch: Bereits nach wenigen Monaten waren 40.000 Exemplare davon verkauft.

Der günstige Preis dieser beiden ersten *Feiert Jesus!*-Produkte spielte sicherlich eine Rolle – das Buch kostete 9,95 DM, die CD 5,95 DM. Parallel war aber auch das Bedürfnis nach neuen Liedern, nach einem neuen Sound ausschlaggebend, den viele Lieder aus dem *Feiert Jesus!*-Liederbuch bereits widerspiegelten. Mit Noel Richards' »Delirious?« und Robin Casey schwappte zeitgleich eine neue Welle angelsächsischen und amerikanischen Lobpreises nach Deutschland, und einiges davon fand sich bereits in *Feiert Jesus!* wieder. Doch die gemeinsamen Anstrengungen der vielen Verbände sorgten sicherlich auch mit dafür, dass *Feiert Jesus!* so einen guten Start hatte.

Die Idee, die Lukas Di Nunzio 1994 formuliert hatte, hatte sich nun innerhalb eines Jahres ihren Weg gebahnt und zigtausend Christen in Deutschland, Österreich und der Schweiz erreicht. Aus den geplanten 1.000 Büchern war ein Vielfaches geworden. *Feiert Jesus!* schaffte zugleich etwas, das vielen Initiativen lange verwehrt geblieben war: Verbände und Organisationen machten gemeinsame Sache, die zuvor kaum jemals zusammengearbeitet hatten. *Feiert Jesus!* trug Lieder ins Land, die dabei halfen, Gottesdienste und christliche Veranstaltungen aller Art neu zu gestalten. Aus dem ursprünglich kleinen Wunsch, das rosa Liederbuch »Singen von Jesus« zu ersetzen, war plötzlich etwas ganz Großes geworden – und es zeichnete sich ab, dass die Geschichte von *Feiert Jesus!* damit noch nicht zu Ende sein würde ...

2. Feiert Jesus! Die 2, 3, 4, 5, 6 ...

Nachdem das erste *Feiert Jesus!*-Liederbuch und die erste *Feiert Jesus!*-CD erschienen waren und auch die jeweils zweite Auflage schnell vergriffen war, wurde deutlich, dass die 35 Lieder der ersten CD nicht mehr reichten. Der Bedarf nach einer weiteren CD war nicht zu übersehen. Diesmal sollten die Lieder jedoch neu eingespielt werden und die Aufnahmen aus einem Guss entstehen, sodass die CD sich noch stärker zum Anhören eignen würde. Dafür waren gute Musiker und Sänger erforderlich. Bei diesen Überlegungen rund um eine nächste CD kristallisierte sich heraus, dass man einen Produzenten brauchte, der Lukas Di Nunzio zur Seite stehen würde. Schließlich war die Idee zur CD-Produktion aus Lukas' Situation heraus entstanden, keine Noten lesen zu können. Wie sollte er nun eine Produktion leiten, wenn ihm die Sprache der Noten verwehrt war, um mit Musikern und Sängern zu »kommunizieren«?

Günter Hänssler war es, der den jungen Produzenten Albert Frey ins Spiel brachte. Albert Frey hatte bereits viele Berührungen mit dem neuen Stil von Lobpreismusik, der aus dem angelsächsischen Sprachraum herüber nach Deutschland schwappte. *»Das war alles noch ganz am Anfang«*, erzählt Lukas. Er erinnert sich an eine Veranstaltung, in der er gemeinsam mit dem britischen Songwriter und Sänger Noel Richards sang. Da die meisten Lieder noch nicht auf Deutsch existierten, war es häufig so, dass der englische oder amerikanische Sänger eine Strophe sang, und ein deutscher Lobpreisleiter anschließend die deutsche Übersetzung sang. *»An diesem Tag sang also Noel seine erste Strophe und ich sang die Strophe dann auf Deutsch. Da das Lied aber erst direkt vor dem Auftritt umgestellt und verändert worden war, habe ich mich*

Sie mischen den Sound kräftig auf: Albert Frey und Lukas Di Nunzio (v.li.).

wirklich vollkommen unsicher durch die Strophen gehangelt. Es war schrecklich und unendlich peinlich«, erinnert sich Lukas lachend. *»Manchmal war es sogar so, dass die Lieder erst auf der Bühne übersetzt wurden. Während ich also die erste Strophe sang, saßen zwei Freunde am Bühnenrand und übersetzten die zweite Strophe. Wenn ich dann mit der zweiten Strophe dran war, hatte ich den deutschen Text zum ersten Mal überhaupt vor Augen.«*

Albert Frey aus Weingarten bei Ravensburg hatte zu diesem Zeitpunkt schon recht viel mit diesen Musikern und ihren neuen Liedern gearbeitet und kannte sich in diesem Umfeld gut aus. Er hatte bereits mit Noel Richards oder Robin Casey, aber auch mit Lothar Kosse und Hans-Werner Scharnowski zusammengearbeitet. 1996 war er beim großen Jugendkongress »Christival« in Dresden verantwortlich für die Veranstaltung »Kommt, feiert Jesus«. Er schien geradezu prädestiniert dafür zu sein, bei der neuen *Feiert Jesus!*-CD mitzuwirken.

Lukas erzählt: *»Günter Hänssler wollte gerne, dass ich auf jeden Fall als Projektleiter bei der Aufnahme der neuen CD dabei sein sollte, und schlug Albert Frey als Produzenten vor. Mir war* *dabei zuerst nicht sehr wohl, denn ich wusste ja, dass ich einem Produzenten musikalisch gar nichts vormachen konnte, geschweige denn den Musikern. Auf der anderen Seite hatte ich aber auch konkrete Vorstellungen davon, wie die erste ›richtige‹ Feiert Jesus!-CD klingen sollte. So brauchten Albert und ich erst etwas Zeit, um uns aneinander zu gewöhnen und festzustellen, wie der andere so tickt. Ich habe aber schnell erlebt, dass Albert sehr offen war und stark auf meine Ideen und Anregungen bei den Aufnahmen einging, auch wenn ich das nicht in Noten ausdrücken konnte.«*

Da man die CDs weiterhin zu einem niedrigen Preis verkaufen wollte, mussten die Aufnahmen sehr kostengünstig durchgeführt werden. An ein großes Studio und einen professionellen Chor war also nicht zu denken. Zunächst entschied man sich, nicht nur eine CD zu produzieren, sondern gleich zwei, um einen Teil der Grundkosten so auf zwei Projekte aufteilen zu können. So wurden also *Feiert Jesus!* 2 und 3 gleichzeitig aufgenommen. Albert Frey erklärt: »*Wir hatten ein sehr eingeschränktes Budget und dafür sollten wir auch noch zwei CDs machen. Es war klar, dass es sich in erster Linie um Lern-CDs handeln würde, aber dennoch wollte ich die CD jugendgerecht produzieren. Eben ›cool‹, aber trotzdem schnell und günstig.«*

Learning by Listening

Als Aufnahmeort wählte man die Zentrale des Missionswerks Operation Mobilisation (OM) in Mosbach. Die Aufnahmen sollten dort im Rahmen der »Mission-Praise-Woche« stattfinden. Die Teilnehmerinnen und Teilnehmer dieser Woche konnten Workshops mit Jo Jasper und Lothar Kosse besuchen, an ihrer Stimme arbeiten und mehrstimmigen Gesang trainieren – und hatten dazu noch die Gelegenheit, an den Aufnahmen zu zwei *Feiert Jesus!*-CDs mitzuwirken.

So machten sich also Jo Jasper, Robin Casey, Kristin Reinhardt und Volker Dymel als Solisten, Albert Frey als Produzent und Lukas Di Nunzio als Aufnahmeleiter daran, die Lieder für *Feiert Jesus! 2* und *3* aufzunehmen. Die Produktion sollte dann wieder mit einigen bereits vorhandenen Aufnahmen kombiniert werden. Von den insgesamt 35 Liedern der beiden CDs wurden 19 im Rahmen der »Mission-Praise-Woche« aufgenommen. Die Instrumentalaufnahmen (die so genannten *Playbacks*) hatte Albert Frey bereits zuvor in seinem eigenen Studio aufgenommen und mitgebracht. Es fehlten folglich nur noch die Gesangsaufnahmen von Solisten und Chor. Anschließend wurden alle Titel professionell abgemischt und *gemastert*, sodass die beiden CDs stimmig und vom Sound her einheitlich klangen.

1996 erschien die zweite *Feiert Jesus!*-CD mit 17 neuen Liedern; 1997 folgte die dritte CD. Auch diese beiden CDs wurden unerwartet schnell angenommen. So waren die Erstauflagen beider Produktionen innerhalb von wenigen Tagen komplett vergriffen. Das Konzept war aufgegangen, neue Lieder auf diese Weise in die Gemeinden und Jugendgruppen zu bringen. Die CDs waren eine große Hilfe dabei, die Lieder zu lernen, und Notenkenntnisse waren dafür nicht erforderlich. Darüber hinaus wirkten auch die Chorsänger als Multiplikatoren: Weil sie selbst bei den Aufnahmen mitgewirkt hatten, machten sie in ihrem Umfeld begeistert Werbung für die neuen CDs und halfen so, die CDs in kürzester Zeit in die Gemeinden zu tragen.

Das Konzept, die CD im Rahmen der »Mission-Praise-Woche« aufzunehmen, wurde auch für die vierte Folge beibehalten. Erstmals machte man sich aber nun daran, alle Lieder neu einzuspielen und keine Stücke mehr aus vorherigen Aufnahmen beizusteuern. Auch wurde diesmal nur eine CD produziert. *»Die ersten beiden CDs, also Nr. 2 und 3, an denen ich mitgewirkt hatte, waren eben einfach bessere Lern-CDs. Aber jetzt, ab der vierten Folge, wo wir wirklich* *begannen, die Lieder neu aufzunehmen, bekam das Projekt einen neuen, ganz besonderen Reiz«*, schildert Albert Frey.

Erstmals bereicherten Thea Eichholz-Müller, Sarah Brendel, Andreas Volz und Elke Reichert als Solisten die Aufnahmen. Besonders aber erwies sich Bernd-Martin Müller als eine kaum zu überschätzende Verstärkung. Obwohl offiziell Lukas Di Nunzio als Chorleiter fungierte, war es doch Bernd-Martin Müller, der der Chorarbeit ganz neue Dimensionen eröffnete.

Dirigieren für Anfänger

Alexander Lucas, der mittlerweile zu mir und Lukas Di Nunzio gestoßen ist, erinnert sich: *»Vielleicht sind wir jetzt wieder an dem damaligen Punkt angekommen, denn Albert macht einen fantastischen Job mit dem Backing-Chor, aber Bernd-Martin Müller hat den Chorsängern damals schon Unverhofftes entlocken können. Er hatte ein beeindruckendes Talent, neue Arrangements für die Stimmen zu erfinden und so die vielfältigen Möglichkeiten des mehrstimmigen Gesangs auch mit unseren Amateursängern auszuschöpfen. Das war einfach etwas ganz Besonderes.«* Lukas pflichtet ihm bei. Zuvor hatte Lukas Di Nunzio den Chor geleitet und erinnert sich an seine ersten Versuche als Dirigent: *»Ich hatte wirklich keine Ahnung vom Dirigieren und da ich ja auch keine Noten lesen konnte, hatte ich keine Möglichkeit, ernsthaft zu dirigieren. Aber ich dachte, dass es bei unseren Sängern, die ja Amateure waren, wichtiger sein würde, ihnen die entsprechenden Emotionen und den nötigen Einsatz zu entlocken.«* Alexander Lucas lacht und ergänzt: *»Lukas wirbelte mit den Armen vor dem Chor herum, sprang hoch und fuchtelte in alle möglichen Richtungen.« »Ja, für einen Dirigenten wie dich«*, erwidert Lukas und richtet sich an Alexander, *»muss dass schon schwer zu ertragen gewesen sein.« »Ach, ich habe selbst auch nur einen Kurs: ›Dirigieren für Anfänger‹ absolviert, und das war es auch schon«*, beendet Alexander den Schlagabtausch.

Ein Dirigent mit Leib und Seele:
Alexander Lucas.

Erstmals erschienen auf *Feiert Jesus! 4* auch zwei Titel, die nicht im Liederbuch enthalten waren und nun im CD-Booklet abgedruckt wurden. Auch bei den folgenden Produktionen gab es das immer wieder einmal. Die vierte Folge der CD *Feiert Jesus!* stieß im Land wieder auf großes Interesse und so stand bereits bei ihrer Veröffentlichung 1998 fest, dass es eine fünfte geben würde.

Diese fünfte Folge, 1999 erschienen, brachte erneut einige Veränderungen, darunter eine ganz bedeutende: Nachdem man den Gesang vier Folgen lang jeweils für sich aufgenommen hatte, sollte nun auch die Band dabei sein. Erstmals konnten Sänger und Musiker so direkt aufeinander reagieren und hatten vor Ort die Möglichkeit, musikalische Arrangements umzustellen, wenn sich eine neue Idee als besser herausstellte. Das gab den Aufnahmen ganz neue Möglichkeiten und erzeugte durch die Live-Einspielung eine spannende Atmosphäre. Die »Mission-Praise-Woche« hatte sich, bedingt durch die Aufnahmen, zu einem solchen Ereignis entwickelt, dass man anfangen musste, die Sänger wirklich zu *casten*, also durch Vorsingen auszuwählen. Lukas Di Nunzio erinnert sich: *»Zuvor war es eben immer so gewesen, dass wir genug Sänger hatten. Nicht zu viele, aber genug, um alle an den Aufnahmen teilnehmen zu lassen. Doch allmählich wurde dieser Rahmen gesprengt und wir mussten tatsächlich auswählen. Wir baten also alle, die sich für die ›Mission-Praise-Woche‹ anmeldeten und bei den Aufnahmen von* Feiert Jesus! *mitwirken wollten, uns etwas über ihre musikalische Vorerfahrung mitzuteilen. Sie sollten außerdem eine Beispielaufnahme einsenden, so dass wir die besten Sänger auswählen konnten.«*

Das »Casting« beginnt

Eine neue Situation, die Lukas nicht leichtfiel. Plötzlich war er dazu gezwungen, auch Leuten abzusagen, die gerne mitgewirkt hätten. Diese Schwäche von ihm wurde dann auch gleich ausgenutzt ... Lukas Di Nunzio erzählt, wie er eines Tages eine Demo-Kassette mit der Aufnahme eines Stückes erhielt. Es war so ziemlich das Schlimmste, was er jemals gehört hatte. Die Stimmen waren fürchterlich, der Gesang unglaublich schief, und im Hintergrund spielte eine Band, die sich anhörte, als hätten die Musiker ihre Instrumente überhaupt zum ersten Mal in der Hand. Keiner von ihnen konnte wirklich spielen! Der Rhythmus und das Timing stimmten nicht im Geringsten. Es war unerträglich ... Aber das Schlimmste war, dass diese Musiker und Sänger sich ihrer fehlenden Fähigkeiten scheinbar in keiner Weise bewusst waren. Im Gegenteil, sie ließen Lukas selbstbewusst wissen, wie sehr sie sich auf die *Feiert Jesus!*-Aufnahmen freuten, dass sie immer wieder üben würden und es kaum erwarten könnten, ihr Talent endlich den neuen Aufnahmen von *Feiert Jesus!* zur Verfügung zu stellen.

»*Ich konnte denen doch nicht einfach absagen*«, sagte Lukas. »*Die schienen so voller Erwartung zu sein und ich brachte es nicht übers Herz, ihnen zu sagen, dass sie leider weder spielen noch singen konnten und somit sicherlich nicht auf den nächsten Aufnahmen von* Feiert Jesus! *dabei sein würden.*« Nachdem Lukas nun also einige Tage über die Angelegenheit nachgedacht hatte, beschloss er, sich mit den anderen Beteiligten zu besprechen, um zu einer Entscheidung zu kommen. Doch als er in seiner Gemeinde davon erzählte, bemerkte er, wie sich einige der Anwesenden ein wenig seltsam benahmen, darunter auch Lukas' Bruder. Nach einiger Zeit platzte es aus ihnen heraus: Es war alles nur ein großer Scherz! Einige von Lukas' Geschwistern und andere Gemeindemitglieder hatten sich zusammengetan, um diese »Demo-Kassette« aufzunehmen und Lukas damit hereinzulegen. Lukas war überaus erleichtert, als er das hörte …!

Dennoch gab es auch ernsthafte Situationen, in denen das *Feiert Jesus!*-Team schwierige Entscheidungen treffen musste. Lukas erinnert sich daran, dass einmal bei den Choraufnahmen irgendetwas nicht zu stimmen schien. Irgendwie klang der Chor seltsam. Es waren immer wieder schiefe Töne zu hören und es gelang keine Aufnahme, auf der der Chor richtig gut klang. So machte Lukas sich daran, bei einem Durchlauf mit dem Kopfhörer alle Stimmen einzeln abzuhören, um die Ursache zu finden. Schnell wurde er fündig: Einer der männlichen Sänger hatte arge Probleme damit, die Tonlage zu halten. Im Prinzip hatte er Schwierigkeiten, überhaupt einen Ton zu treffen. Lukas wusste sofort, dass er reagieren musste – der Sänger konnte unmöglich weiter mitsingen. Aber er hatte ebenso Hemmungen, ihn herauszunehmen und von den Aufnahmen auszuschließen. So bat Lukas den Sänger unauffällig zu sich und formulierte vorsichtig, was ihm aufgefallen war: dass er offenbar gar nicht singen könne. Der betreffende Sänger schien aus allen Wolken zu fallen. Er konnte sich das überhaupt nicht vorstellen. Alle seine Freunde hätten ihm doch schließlich gesagt, was für ein guter Sänger er sei. Sie hatten ihn sehr ermutigt, unbedingt beim Singen zu bleiben – und nun sollte er gar nicht wirklich singen können? Lukas Di Nunzio war wirklich geschockt und fragte: »*Hat dir denn niemand von deinen Freunden jemals gesagt, dass du nicht wirklich singen kannst?*« Der arme Mann verneinte und konnte es immer noch nicht glauben. Lukas machte ihm vorsichtig klar, dass er unmöglich weiter mitsingen könne, dass er die Gruppe jedoch auch nicht sofort verlassen müsste. Lukas schlug vor, dass dieser Sänger für den Rest der Aufnahmen dabeibleiben würde, allerdings ohne mitzusingen. So konnte er im Chor bleiben, ohne dass das die Qualität der Aufnahmen beeinträchtigen würde. Der junge Mann war zwar sichtlich enttäuscht, wusste aber auch Lukas' Geste zu schätzen, ihn nicht vor allen anderen aus dem Chor zu nehmen. Lukas war damals sehr erschrocken: »*Dass keiner seiner Freunde ihm jemals die Wahrheit über seine gesanglichen Qualitäten gesagt hat, ist für mich schon schockierend gewesen. Dadurch, dass sie ihn auch noch so ermutigt haben, ist er ja überhaupt erst in diese Situation gekommen. Da sollten Freunde doch ehrlicher miteinander umgehen!*«

Doch es gab auch ganz andere Erfahrungen mit den Chorsängern: »*Manchmal gab es nach dem Mischen schon Proteste von einzelnen Mitwirkenden. Sie riefen dann bei mir an und beschwerten sich, dass sie ja gar nicht wirklich herauszuhören seien*«, schildert Lukas. »*Einer rief sogar nachts um ein Uhr bei mir zu Hause an, um seinem Unmut Luft zu machen, und beschimpfte mich am Telefon.*«

Die Tücken der Technik

Neben den zwischenmenschlichen Herausforderungen gab es aber immer wieder auch technische Schwierigkeiten. Bei einer Aufnahme war das Team absolut begeistert vom Chor. Die Stimmen waren überwältigend und alles hatte das perfekte Timing. Die Energie der Sängerinnen und Sänger war spürbar, und so entstand ein ganz herausragender Klang. »*Wir konnten es gar nicht erwarten, diese außergewöhnliche Aufnahme gleich noch einmal zu hören*«, äußert Alexander Lucas. »*Leider wurde daraus dann nichts mehr. Als wir die Aufnahmen hören wollten, stellten wir fest, dass während der Aufnahme offensichtlich alle Mikros stumm geschaltet waren und nichts von dem, was uns eben so begeistert hatte, aufgenommen worden war …*« Ebenso erinnern Alexander Lucas, Lukas Di Nunzio und Albert Frey sich noch daran, wie Thea Eichholz-Müller einmal besonders wunderbar gesungen hatte. »*Alle waren sehr aufgeregt und wir wussten, dass Thea gerade etwas ganz Außergewöhnliches vollbracht hatte und dass sich das so nicht wiederholen lassen würde*«, erzählt Alexander Lucas. Albert Frey ergänzt: »*Wir arbeiteten damals noch mit ADAT-Maschinen. Das waren zwar digitale Rekorder, allerdings mit einem Band wie ein Tonbandgerät, und man musste immer hin- und herspulen. Es war so unheimlich schwierig, zwischen einzelnen Aufnahmen hin- und herzuspringen. Theas Gesang auf dieser Aufnahme war so besonders und nur zur Sicherheit wollte ich noch eine dritte Aufnahme dieses Titels machen. Also spulte ich vor, so dass wir die dritte Aufnahme hinter der zweiten aufnehmen konnten. Sie sang den Titel dann noch einmal. Als wir diese dritte Aufnahme hörten, waren wir uns aber einig, dass die zweite Version doch besser war. Also spulten wir zurück, um die zweite Aufnahme noch einmal zu hören. Doch dann stellten wir mit Schrecken fest, was passiert war: Ich hatte vor der dritten Aufnahme nicht weit genug vorgespult, und so begann die dritte Aufnahme mitten in der zweiten. Theas besonderer Moment war dadurch leider zerstört worden. Dass sie darüber nicht eben erfreut war, kann man sich vorstellen.*«

Für die sechste Ausgabe von *Feiert Jesus!*, die im Jahr 2000 erschien, musste man Musik- und Gesangsaufnahmen noch einmal trennen. Leider war es nicht möglich, im Rahmen der »Mission-Praise-Woche« in Mosbach aufzunehmen, so dass man kurzfristig in das Theologische Seminar Adelshofen auswich, das in Eppingen, nicht weit von Mosbach, zu Hause ist.

Doch trotz dieses kleinen Rückschritts war nicht mehr zu übersehen, wie positiv *Feiert Jesus!* sich mittlerweile entwickelt hatte. Die Aufnahmen wurden inzwischen planmäßig in einen jährlichen Rhythmus gebracht und allen Beteiligten war klar, dass es wohl noch eine ganze Weile so weitergehen würde. Als Solisten waren diesmal Andreas Volz, Anja Lehmann, Andrea Adams, Ann-Kristin Hoffmann, Ingo Beckmann und Lukas Di Nunzio dabei. Mit der sechsten Folge und mittlerweile im fünften Jahr seit Erscheinen des Liederbuches zeigte sich jedoch auch, dass allmählich eine weitere Liederbuchausgabe notwendig war, um die Liedauswahl für die Aufnahmen zu erweitern.

Klappe, die Zweite

Feiert Jesus! 2, das neue Liederbuch, folgte dann 2001. Die Kommission, die für die Liedauswahl zuständig war, fand eine Mischung aus neuen, mittlerweile etablierten und noch gänzlich unbekannten Liedern. Die »Hits« der ersten Ausgabe wurden mit Text und Akkorden, aber ohne Noten, noch einmal mit aufgenommen. Zwei Wochen nach Erscheinen am 6. Juni 2001 war die gesamte erste Auflage, immerhin 90.000 Exemplare, von *Feiert Jesus! 2* vergriffen. Günter Hänssler, damals Geschäftsführer des Hänssler Verlages: *»Wir waren selbst überrascht. Es freute uns natürlich, dass die Nachfrage nach neuen und guten geistlichen Liedern bei jungen Menschen so groß ist.«*

Nun gab es wieder genug Stoff für die weiteren *Feiert Jesus!*-CD-Produktionen. Das neue Liederbuch brachte eine zusätzliche Neuerung, die zwar nicht für den Inhalt, aber eben doch fürs Auge wichtig war: Die Gestaltung von *Feiert Jesus!* wurde deutlich verändert. Während auf den CD-Covern von Folge 1 bis 6 immer zwei Fotos von jungen Menschen auf wechselnden farbigen Hintergründen abgebildet waren, wurde nun eine deutlich modernere und interessantere Version eingeführt. Die Fotos verschwanden zugunsten von Gesichtern, die im Hintergrund von farbigen Feldern nur schemenhaft zu erkennen waren. Lediglich der ansprechende *Feiert Jesus!*-Schriftzug blieb erhalten.

Wie der Papa, so der Sohn: Alexander Lucas mit dem jüngsten Chormitglied.

Die »Nachwuchs-Solistinnen«: Uta Wiedersprecher, Lena Ahrend und Tina Rink (v.li.).

Ausgestattet mit dem neuen Liederbuch stand den Aufnahmen für die nächste Ausgabe von *Feiert Jesus!* nichts mehr im Weg. Im Gepäck einen Fundus von über 500 Liedern aus nunmehr zwei Liederbüchern machte man sich noch im Juni 2001 wieder auf nach Mosbach, um dort das siebte *Feiert Jesus!*-Album einzuspielen. Die Herausforderung bei den Aufnahmen bestand diesmal lediglich darin, dass einige der beteiligten Musiker zwischendurch zum zeitgleich stattfindenden 29. Deutschen Evangelischen Kirchentag nach Frankfurt pendelten.

Die Produktion der achten Folge (2002) brachte wiederum entscheidende Veränderungen. Man verabschiedete sich aufgrund von Umbauarbeiten aus Mosbach und verlegte die Aufnahmen in die Räume der Freien evangelischen Gemeinde (FeG) Heidelberg. Das war die Heimatgemeinde von vielen der bisherigen Chorsänger sowie von Chorleiter Alexander Lucas.

Die kleine *Feiert Jesus!*-Familie hatte inzwischen recht feste Formen angenommen. So wurde auch diese CD von Albert Frey produziert, Marcus Watta war wieder an der Gitarre dabei, Peter Neubauer am Bass und Daniel Jakobi am Schlagzeug. Neu

Andrea Adams-Frey gönnt ihrer Seele eine wohlverdiente Kaffeepause. Nachdenklich und erschöpft sammelt die Sängerin ihre Kräfte für den nächsten Take.

waren Solisten wie Lena Ahrend und Tina Rink oder Sebastian D. Cuthbert.

Besonders mit neuen und jungen Sängerinnen und Sängern zusammenzuarbeiten, war eine bewusste Entscheidung, so Albert Frey. Alexander Lucas wurde offiziell zum Chorleiter bzw. Chororganisator für die Aufnahmen von *Feiert Jesus!* ernannt und damit Nachfolger von Lukas Di Nunzio. Nach Abschluss der Aufnahmen gaben Albert Frey und das *Feiert Jesus!*-Team einige Live-Kostproben im Rahmen des Gottesdienstes der FeG. Erstmals waren sie in dieser Zusammensetzung live zu hören. Dass sie wirklich einmal auf eine Tournee gehen würden, war damals noch nicht abzusehen ...

Auch CD Nummer 9 wurde 2003 in der FeG Heidelberg aufgenommen, unter anderem mit Conny Reusch, Andrea Adams-Frey (seit 2001 verheiratet mit Albert Frey), Johannes Falk und Sebastian D. Cuthbert. Rückblickend betont Albert Frey: »*Wenn man an die Orte denkt, wo wir aufgenommen haben, ob in Mosbach bei OM, in Adelshofen oder später dann in der FeG Heidelberg, dann muss man festhalten, dass diese Orte mehr waren als nur Aufnahmeorte. Durch das Einbinden der Menschen vor Ort, deren besondere Hilfe und ihr Engagement sind für uns sehr schöne Aufnahmeorte entstanden. Wir waren eben nicht einfach eine Band und ein paar Sänger, die im Studio für sich produzierten, sondern für die Dauer der Aufnahmen fest in das Umfeld eingebettet. Das ist für die Aufnahmen sehr wichtig gewesen und hat mit Sicherheit einen großen Einfluss auf die Entwicklung von* Feiert Jesus! *gehabt. So wurde aus* Feiert Jesus! *ein Projekt, welches wirklich aus der Gemeinde heraus entstanden ist.*«
Dass es den Musikern darum ging, auch während der Aufnahmen in einer geistlichen Atmosphäre zu arbeiten, zeigte sich unter anderem im regelmäßigen Gebet. Von Anfang an nahm das gemeinsame Gebet von Musikern und Chor einen wichtigen Platz ein.

»Brasilianer lieben Jesus ...«

Mittlerweile waren fast zehn Jahre vergangen, seit Lukas Di Nunzio sich 1994 mit Günter Hänssler erstmals über ein neues Liederbuch für OM unterhalten hatte. Zehn Jahre, in denen *Feiert Jesus!* sich seinen Weg quer durch Gemeinden und Denominationen gebahnt hatte und zum festen Bestandteil christlicher Liedkultur geworden war. Das Interesse am Konzept *Feiert Jesus!* schien nicht abzuebben. Zigtausend Menschen in Deutschland, der Schweiz und Österreich – und wie sich später herausstellen sollte, weit darüber hinaus – besaßen eine oder mehrere *Feiert Jesus!*-CDs. Im Forum der Webseite auf www.feiertjesus.de erschienen fast täglich neue

Einträge, die zeigten, wie sehr sich die Menschen mit *Feiert Jesus!* beschäftigten. Die folgenden Auszüge vermitteln einen Einblick:

Hallo *Feiert Jesus!*-Team! Ich finde die CDs von euch total klasse und meine Familie kriegt ab und zu mal die Krise, wenn ich die vielen Lieder ganz laut höre und durchs ganze Haus gröle ...; die »Best of« finde ich am besten! *(Karoline, Hattingen)*

Also ich wollte euch nur ein ganz großes Lob geben, denn das, was ihr macht, ist echt spitze! Ich bin selber jugendlich und ich finde, dass viel mehr Jugendliche Erfahrungen mit dem Glauben machen sollten! Durch eure CDs, die sich vor allem durch tolle Instrumente und Texte auszeichnen, könnt ihr den Jugendlichen das Bild von einem »modernen« Glauben ein großes Stück näher bringen! Besonders gut finde ich auch, dass ihr in die Booklets immer die Texte zum Mitsingen schreibt. Ich selber singe auch, und dadurch ist es einfacher, sich die Texte einzuprägen! Macht weiter so! Viele Grüße *(Lena, Ahaus)*

Feiert Jesus! ist echt cool. Ich habe bis jetzt jede CD von euch. Ich spiele die Lieder auch selber auf meiner Gitarre und es macht echt Spaß, auch mit anderen Leuten zu singen. Danke dafür!!!! Macht weiter so. *(Paul, Rodenbach)*

Die Liederbücher und CDs sind echt genial! Haben am Wochenende einen Jugendgottesdienst gestaltet und u. a. auch ein paar Songs aus beiden *Feiert Jesus!*-Büchern mit unserer Band gespielt. Es ist echt super angekommen (die Leute haben gestanden, mitgesungen, getanzt ...). Also wirklich genial! GBY! *(Sarah, Grabow)*

Hey Leute! Ich finde die CDs echt super! Bin vor knapp einem Jahr durch meine damalige Freundin drauf gestoßen! Kannte bis dahin nur die doch sehr altmodische Orgelmusik in der Kirche. Ich muss sagen, dass es echt Spaß macht, die Lieder zu singen bzw. zu spielen. Versuche nun immer mehr, die Konfirmanden in meiner Gemeinde von diesen Liedern zu begeistern. Macht weiter so!!! MfG *(Torsten, Ratzeburg)*

Hallo ihr tollen Sänger und Sängerinnen, ich bin begeisterte Nutzerin sowohl der Liederbücher als auch der CDs (inkl. Playbacks) und habe mit Freude festgestellt, dass es bald eine neue geben wird. Würde auch super gerne mitsingen, aber aus zeitlichen und anderen Gründen wird mir dies nicht möglich sein. Schade, schade, schade. Aber ich kann ja »ab und zu und hin und wieder« mit Hilfe der Playbacks in unserer Gemeinde ein Lied zum Besten geben. Also gutes Gelingen, helle Stimmen, viel Freude und Gottes Segen bei eurer Arbeit wünscht euch eure »ich würde so gerne mitsingen« *(B. Köhler)*

Aber auch aus dem Ausland kamen immer wieder Kommentare zu *Feiert Jesus!*:

Ich habe dieses Buch über einen Freund kennen gelernt, der in Berlin studierte. Wir haben uns einige Songs von *Feiert Jesus! 7* angehört. »Heilig« hat mir besonders gut gefallen. Ich glaube, man sollte versuchen, einige Lieder von *Feiert Jesus!* hier nach Brasilien zu bringen. Brasilianer lieben Jesus und singen für ihn. Ich hoffe, dass ich eines Tages eins eurer Konzerte in Deutschland besuchen kann. Übrigens studiere ich Deutsch, weil ich mit meiner Frau in Österreich leben möchte! Frohes Schaffen und bleibt immer bei Gott! Er liebt uns! *(Sérgio, Brasilien)*[1]

Somit musste für die Jubiläumsausgabe von *Feiert Jesus!* etwas ganz Besonderes her. Die zehnte *Feiert Jesus!*-CD bedurfte einer Zäsur, die aus dem Rahmen fallen würde. Je länger man sich mit der Frage beschäftigte, desto deutlicher wurde, dass man die vielen Hörer einbinden sollte. Es war nun wirklich an der Zeit, all den Sängern und Musikern sowie den Musikhörern eine Stimme zu geben. So entstand die Idee, im »Superwahljahr« 2004 (13 Wahlen in Deutschland!) noch eine weitere hinzuzufügen: Erstmals sollten die *Feiert Jesus!*-Hörer entscheiden, welche Lieder für die zehnte Folge von *Feiert Jesus!* aufgenommen würden. Aus einer Vorauswahl war es möglich, über www.jesus.de und in der Zeitschrift *dran* die endgültigen Titel für die zehnte *Feiert Jesus!*-CD zu bestimmen. Mehr als 4.500 Personen beteiligten sich an dieser Wahl. Im Juni 2004 erschien dann die Jubiläumsausgabe von *Feiert Jesus!*.

Nach zehn CD-Ausgaben, einem *Best-of*-Sampler sowie kurz vor dem Erscheinen der dritten Ausgabe des Liederbuches war es an der Zeit, noch einmal grundlegend über die bisherige Konzeption der CD-Produktionen nachzudenken. So entstand die Idee, eine *Feiert Jesus!*-CD nicht in einer Studioatmosphäre, sondern im Rahmen von Konzerten aufzunehmen. Auf diese Art würde es außerdem möglich sein, viel mehr Menschen als bisher an solch einer Produktion teilhaben zu lassen. Anfang April 2005 wurde die Idee dann tatsächlich Wirklichkeit, als die mittlerweile elfte *Feiert*

»Er ist der Anker in der Zeit ...« Albert Frey beim Livekonzert in Holzgerlingen.

Feiert Jesus!-Live-Tournee 2005 mit Anja Lehmann, Vladimir Tajsic und Claus-Peter Eberwein (v.li.) – *Feiert Jesus! 11* fängt die unnachahmliche Atmosphäre ein.

Jesus!-CD komplett während drei Live-Konzerten in Lörrach, Heidelberg und Holzgerlingen eingespielt wurde.

Die besondere Live-Atmosphäre fügte der Reihe noch einmal eine ganz neue Klangfarbe hinzu. Auch für das Produktionsteam war es etwas Besonderes, die unmittelbare Reaktion der Zuschauer im Saal zu erleben. Albert Frey machte immer wieder deutlich, dass es eben nicht nur um die Aufnahme eines Live-Albums ging. Das »Publikum« wurde zum Chor und so entstanden in Gemeinschaft mit den Solisten und Musikern auf der Bühne viele Momente der Anbetung und Gottesbegegnung.

Tatsächlich ersetzten die Zuschauer von nun an den Chor. *»Das war eine schwere Entscheidung«*, meint Albert Frey. *»Der Chor hatte über Jahre eine wichtige Funktion. Er symbolisierte bei den*

Albert Frey: »Die Chöre waren etwas ganz Besonderes.«

Aufnahmen in gewisser Form die Gemeinde. Uns Musikern und den Solo-Sängern gab dies ein wenig das Gefühl, dass wir bei den Aufnahmen wie die Gemeinde vor Gott kamen. Für viele der Chorsänger war es eine Art Privileg, dabei sein zu können und so gemeinsam mit anderen ihrer Anbetung Ausdruck zu verleihen. Aber es war gleichzeitig eben immer der musikalische Anspruch von Feiert Jesus!, *sich an den musikalischen Strömungen des säkularen Umfeldes zu orientieren. Und in der aktuellen Popmusik kommen nun einfach keine Chöre mehr vor. Heute hört man eher Solisten mit so genannten Preaching Vocals, also kleinen Background-Chören von zwei bis drei Sängern. Auch passt es mittlerweile stilistisch viel besser, mit der ›Nähe‹ von drei, vier Sängern zu arbeiten. Dennoch ist es uns sehr schwer gefallen, diese Entscheidung zu treffen. Die*

Tastenkünstler Florian Sitzmann ist hochkonzentriert bei der Arbeit. Hier sitzt er an Albert Freys Original-Wurlitzer-Keyboard.

Chöre waren etwas ganz Besonderes und haben Feiert Jesus! *etwas gegeben, ohne das* Feiert Jesus! *nicht das geworden wäre, was es ist.*« Wer weiß, vielleicht ändert sich die Mode ja wieder einmal und irgendwann wird dann ein 80-Personen-Chor gesucht ...! Die Zukunft von *Feiert Jesus!* lässt sich zum Glück nicht vorhersehen und so darf man gespannt sein, was dem Team um Albert Frey in Zukunft noch einfallen wird.

Mittlerweile ist es 22.00 Uhr und ich muss sehen, dass ich den letzten Zug nach Stuttgart noch erreiche. Doch bevor ich gehe, will ich von Albert Frey erfahren, was denn das Besondere an *Feiert Jesus! 12* werden wird. »*Wir haben diesmal die Gelegenheit, mit einigen absoluten Meistern ihres Fachs arbeiten zu können, und ich habe für mich beschlossen, weniger eigene Ideen einzubringen und den Mu-*

sikern zu überlassen, ihre Interpretationen umzusetzen. Ich wollte nicht so viel vorgeben, sondern lieber sehen, wie sich die Aufnahmen aus sich selbst heraus entwickeln. Wir haben viel Raum für Neues und Experimentelles gelassen. Florian Sitzmann fing zum Beispiel plötzlich an, die Saiten des Flügels mit den Fingern zu zupfen.*

Kurz vor Beginn der Aufnahmen kam mir außerdem noch die Idee, dass ich gerne mein altes Wurlitzer-Keyboard einsetzen würde, das ist ja so eine Art Vorläufer unserer heutigen Keyboards und hat einen ganz eigenen Sound. Es war uralt und kaputt. Also brachte ich es schnell zu einem Restaurator und bat ihn, es so schnell wie möglich zu reparieren. Jeden Morgen rief ich ihn an und fragte, ob er fertig sei und wir das Keyboard abholen könnten. Aber erst am letzten Tag der Aufnahmen war er so weit und brachte das Keyboard hierher. So konnte Florian Sitzmann doch noch an einigen Stellen mit dem Wurlitzer spielen«, erzählt Albert Frey begeistert. *»Des weiteren war es wichtig, dass wir den* Unplugged-Gedanken *gut umsetzen würden. Wir wollten viel Raum lassen. Es sollten nicht alle ›Lücken‹ gefüllt werden, sondern bewusst einige Räume entstehen, die Luft lassen. Das brauchen wir in unserer heutigen Zeit in allen Bereichen, und wir wollten das bei diesen Aufnahmen umsetzen. In dieser Hinsicht war auch die Auswahl der Sänger sehr wichtig. Ihre Stimmen mussten emotional sein, Gefühle transportieren können, ohne zu übertreiben. Ich glaube, Jo Jasper, Andrea und Johannes ist das gut gelungen.«*

Der spannende Abend in Heidelberg geht für mich zu Ende. Aber ich habe gemerkt, dass es noch viel mehr zu erfahren gibt, dass noch diverse Eindrücke und Geschichten rund um *Feiert Jesus!* darauf warten, entdeckt zu werden.

---

* Eine Spieltechnik, die es »eigentlich« gar nicht gibt, die aber ein wunderschönes Detail der Aufnahme ausmacht (Anmerkung des Autors).

3. Solisten und Musiker – Menschen hinter Feiert Jesus!

Feiert Jesus! ist unbestritten das Projekt vieler Menschen, die als Musiker, Autoren, Komponisten, Sänger oder Koordinatoren an der Entwicklung beteiligt gewesen sind. Auch der Kommission, die den Inhalt der Liederbücher zusammenstellte, kommt eine große Rolle bei der Gestaltung von *Feiert Jesus!* zu. Und doch gibt es einige Personen, die besonders hervorstechen, deren Beteiligung an *Feiert Jesus!* von herausgehobener Bedeutung war und ist. Dazu gehören durch ihre jahrelange und intensive Beteiligung Lukas Di Nunzio, Gerhard Schnitter, Jo Jasper, Alexander Lucas, Peter Neubauer, Daniel Jakobi, Marcus Watta, Andrea Adams-Frey, Anja Lehmann, Bernd-Martin Müller, Andreas Volz und natürlich die vielen Sänger und Sängerinnen der verschiedenen Chöre, die Gastmusiker und Gast-Solisten. Doch er war von Anfang an dabei, hat *Feiert Jesus!* wohl am deutlichsten geprägt und es in einzigartiger Weise zu »seinem« Projekt werden lassen: Albert Frey.

Albert Frey: Jesus verherrlichen

Albert Frey erhielt als Produzent und künstlerischer Leiter der *Feiert Jesus!*-Produktionen eine besondere Rolle. Auch wenn er als Produzent ursprünglich »nur« dem des Notenlesens unkundigen Lukas Di Nunzio zur Seite stehen sollte, hat Albert Frey *Feiert Jesus!* doch seinen ganz eigenen Stempel verpasst. Die gekonnte Auswahl der Lieder sowie der Musiker und Solisten und der gesamte Klang der Produktionen gehen maßgeblich auf den leidenschaftlichen Musiker, Produzenten und Lobpreisleiter zurück.

Jetzt gibt's was auf die Ohren: Albert Frey prüft den Sound.

Albert Frey ist aus der christlichen Musikszene in Deutschland nicht wegzudenken. Neben *Feiert Jesus!* haben seine zahlreichen anderen Produktionen in den vergangenen Jahren eine unverkennbare Spur in unserer »Lobpreislandschaft« hinterlassen. Neben der Qualität seiner Texte fällt auf, dass Albert Frey als christlicher Musiker stets auf dem Weg ist, immer neu nach anderen, weiteren Zugängen sucht, um die Anbetung Gottes zum Ausdruck zu bringen. Wie Albert Frey einmal formulierte: »Es geht ihm um eine ehrliche Begegnung mit Gott und um Anbetung im ›Geist und in der Wahrheit.‹[6]«

Dass Albert Frey den Weg zur Musik gefunden hat, ist eigentlich kein Wunder. 1964 in Weingarten bei Ravensburg geboren, wuchs er in einer Kirchenmusikerfamilie auf. Mit sieben Jahren begann er, Blockflöte und Klavier zu lernen. Es folgten

Klarinette und Gitarre, die er dann in Schülerbands spielte. »*Bis 17 war ich ein normaler Katholik*«, erzählt er, »*aber dann bin ich ausgestiegen. Ich wollte mich weltanschaulich orientieren.*« Als er kurze Zeit später über Klassenkameraden in Kontakt mit einem charismatischen Jugendgebetskreis in Ravensburg kam, ging er auch hier zunächst voll auf Konfrontation. Etwa ein Jahr setzte er sich mit dem Anspruch der christlichen Botschaft auseinander, bis er sich schließlich diesem Gebetskreis anschloss und eine Entscheidung für ein Leben mit Jesus traf. Bald darauf wurde er Mitglied bei der Musikgruppe »Effata«, mit der er zahlreiche Auftritte absolvierte und für die er zahlreiche Songs schrieb. Seit den 90ern konzentrierte er sich auf Lobpreis und Anbetung, zunächst mit der »Immanuel Lobpreiswerkstatt« Ravensburg, einem Zweig der katholisch-charismatischen Gemeinschaft Immanuel, dann unter eigenem Namen.

Seine Engagements als Lobpreisleiter bei Großveranstaltungen wie zum Beispiel »Explo«- und »Christival«-Kongressen geben Zeugnis von seiner Entwicklung und von der Qualität und Tiefe seiner Arbeit. Inzwischen prägen die Lieder von Albert Frey das Liedgut in vielen Gemeinden und Gruppen. In den vergangenen Jahren beschäftigte er sich zunehmend mit »Anbetung im Geist und in der Wahrheit«, also mit Ehrlichkeit vor Gott, die sich auch in Klageliedern und fragenden Texten ausdrückt. Seit 1982 engagiert sich Albert Frey als Komponist, Produzent und Lobpreisleiter in der christlichen Musikszene. Er hat bisher mehr als 200 Kompositionen veröffentlicht und auf über 80 CD-Produktionen mitgewirkt. Seit 2001 ist er in zweiter Ehe verheiratet mit der Sängerin Andrea Adams-Frey. Die beiden unterstützen sich gegenseitig bei ihren Produktionen und haben einen gemeinsamen Musikdienst aufgebaut, der neben Lobpreis und Anbetung im engeren Sinn auch Lieder mit seelsorgerlichen Themen beinhaltet. Mit eigenen Worten beschreibt Albert Frey, wie er seinen persönlichen Weg zur Lobpreismusik gefunden hat und was Lobpreis für ihn bedeutet:[2]

Es war vor 1989: Ich saß in einer riesigen Halle irgendwo auf den hinteren Plätzen. Mit einer Gruppe aus unserer Gemeinschaft war ich nach England gefahren. »Worship« hieß das Thema, und die Veranstalter aus Brighton hatten nahezu alle eingeladen, die damals Ende der 80er Jahre zu diesem Thema etwas zu sagen hatten – unter anderen Graham Kendrick und John Wimber mit seinen Vineyard-Musikern. Ich spielte damals in einer christlichen Band und christliche Rockmusik war für mich ein großes Thema, aber »gemeindefähige« Musik, die man zusammen im Gottesdienst singt, reizte mich nicht besonders.

Albert Freys langer Weg zum Lobpreis

Doch in diesem Moment hatte ich meine innere Distanz aufgegeben. Ich war berührt, bewegt, Tränen kamen aus meinen Augen. Mir war zum ersten Mal richtig klar geworden, welche Kraft in Lobpreis und Anbetung steckt. Ich hatte schon erlebt, wie Musik Menschen begeistert oder zum Nachdenken bringt, aber ich hatte noch nie erfahren, wie Musik uns zu einer Begegnung mit dem lebendigen Gott führt. Und solch eine Begegnung hatte ich in diesem Moment in jener Halle. Gott sprach zu mir, er wollte mir etwas zeigen: Diese Art von Musik sollte eine wichtige Aufgabe in meinem Leben werden, er wollte, dass ich ein »Gebetsmucker« werde.

So kam es, und heute verbringe ich einen großen Teil meiner Zeit mit Lobpreis und Anbetung. Viel davon ist einfach Arbeit, wie bei anderen Berufen auch. Aber ich bin dankbar, dass ich etwas machen darf, von dem ich so überzeugt bin. Ich arbeite daran, Lobpreis und Anbetung zu verbreiten. Ich schreibe neue Songs, nehme CDs auf, leite Lobpreis in den verschiedensten Versammlungen oder »quäle« Lobpreisfans in Seminaren.

Seit ich mich auf diesen Weg eingelassen habe, habe ich viele Höhe- und Tiefpunkte erlebt. Momente, in denen Gott in der Musik so greifbar wurde, dass es schien, als sei jeder gespielte Ton ein liebevolles Wort von ihm; aber auch Momente, in denen ich dachte, ich sitze im falschen Film oder eher noch im falschen Kino: lausige Musik und verschlossene Mienen rings um mich.

Aber ich bin noch immer begeistert: begeistert, wenn ich Lobpreislieder komponiere, aufnehme, selbst singe und spiele; begeistert, wenn ich mit Musik anderen beim Beten helfen kann; begeistert, wenn ich andere erlebe, die ihren Glauben mit Musik ausdrücken.

Das Geheimnis von Lobpreis und Anbetung kann man nicht theoretisch erklären. Es ist – wie vieles in unserem Glauben – ein Wagnis, auf das man sich einlassen muss. Die Voraussetzung dafür ist eine persönliche Beziehung zu Gott. Ich habe immer wieder versucht, Menschen Lobpreis nahe zu bringen, die diese Beziehung nicht haben – es hat keinen Sinn. Es kann sie interessiert machen, die Sehnsucht nach »mehr« wecken, aber im Letzten werden sie es nicht verstehen und nicht mitmachen können. Auf der anderen Seite habe ich erlebt, wie überzeugte Christen, die mit Lobpreis und Anbetung bisher wenig zu tun hatten, sofort verstanden, worum es da geht.

Das Wort »Lobpreis« ist vielleicht etwas irreführend, weil es nahe legt, dass es nur um »Loben und Preisen« geht. Gemeint ist damit aber eher »Kommunikation mit Gott«. Das Wort »Anbetung« ist schon etwas passender, weil es unsere Grundhaltung beschreibt, wenn wir vor Gott treten. Aber dann hat alles Platz, was wir Gott sagen wollen: unser Dank, unser Lob, unsere Klagen, unsere Bitte um Vergebung, unsere Bitten für uns und andere. Die Kommunikation läuft in beide Richtungen: Gott spricht auch zu uns: durch die Musik, durch die Liedtexte, durch die (freien) Gebete der anderen oder einfach in unserem Inneren, wenn wir durch Lobpreis offen für ihn werden.

Wenn Musik und Gebet zusammenkommen, geschieht etwas Besonderes. Das Gebet gewinnt an Tiefe und Ausdruckskraft, eine einfache Liedzeile wird zu einem Schrei meines Herzens. Worte allein können oft nicht ausdrücken, was zwischen mir und Gott abläuft. Ein Lied kann den Worten das Unaussprechliche hinzufügen – wie »das« Lied zweier Liebenden.

Aber auch die Musik gewinnt an Tiefe dadurch, dass sie Gebet transportiert. Ich genieße es, wenn Musik gute Unterhaltung bietet, zum Lachen, zum Weinen, zum Tanzen oder zum Träumen anregt. Aber wenn Musik zum Gebet wird, kann sie sich in ihrer ganzen Bedeutung entfalten. Vielleicht liegt das auch daran, dass es dann nicht mehr um die Musik selbst oder um die Musiker geht, sondern dass Musik zu einer Sprache wird. Ich fange an zu reden und denke nicht mehr über Wortwahl, Satzbau und Grammatik nach, sondern über das, was ich sagen will. Ich bin nicht mehr Beobachter oder Konsument der Musik, sondern sie wird ein Teil von mir.

Zwischen Klassik und Klampfe

Nehmen wir an, zwei Menschen kommen aus einer Aufführung von Händels »Messias«. Der eine hörte auf die Musik: »Die Sopranistin wirkte in den hohen Lagen etwas matt, dafür waren die ersten Violinen sehr strahlend.« Der andere hörte auf das, was Händel mit seiner Musik sagen wollte: »Ich bin erschüttert – die Erlösungsgeschichte ist so unfassbar. Durch diese Musik habe ich wenigstens ein bisschen mehr davon verstanden.«

Natürlich geht es im »Lobpreisalltag« nicht so hochtrabend zu. Meistens sitzen ein paar Leute mit einer Gitarre zusammen und singen und beten. Aber auch in diesem Fall haben wir dasselbe Prinzip: Musik und Gebet vereinigen sich zu einer neuen Sprache. Dann sind die Lieder nicht mehr »Sammlung« oder »Aufwärmen« für das anschließende Programm, sondern durch das Singen selbst geschieht schon die verändernde Begegnung mit Gott. Es geht auch nicht ums Musizieren – eine Gebetszeit ist keine Probe. Das müssen unsere Musikleiter erst einmal verstehen. Am Anfang mal ein neues Lied einstudieren – das gehört natürlich dazu. Aber wenn wir beginnen, gemeinsam zu beten, wird die Musik zur Nebensache. Und gerade deshalb ist sie oft so wunderbar natürlich und spontan. In vielen Gruppen wird Lobpreis nicht nach Chorsätzen gesungen, sondern eine spontane Mehrstimmigkeit improvisiert. Auch der Ablauf steht nicht fest. Wenn uns ein Liedteil besonders bedeutsam für die Situation erscheint, wiederholen wir ihn einfach ein paar Mal.

Seit einigen Jahren haben wir in den deutschsprachigen Ländern eine richtige »Lobpreisbewegung« quer durch alle Kirchen. Oft fängt es bei den jungen Leuten an, da entstehen Lobpreisabende, Lobpreisgottesdienste, Lobpreisbands. Gitarre spielen gehört fast zur Grundausstattung für Nachwuchsleiter (jeder Christ ein Gitarrist ...), Gesangsunterricht ist gefragter denn je. Man kann Lobpreis-CDs in fast allen Musikstilen kaufen, Seminare und Kongresse über dieses Thema besuchen.

Hoffentlich hat sich niemand verspielt: Christoph Spörl, Albert Frey, Lukas Di Nunzio.

In der Anfangsphase der Lobpreisbewegung haben wir vieles einfach aus USA und England kopiert und übersetzt. Inzwischen gibt es viele deutsche Songwriter und Musiker, die sich ernsthaft um gute Qualität und einen eigenen, deutschen Stil bemühen. Ich glaube, dass es zu einer neuen deutschsprachigen Lobpreiskultur noch viel zu entwickeln gibt. Jede Generation muss wieder neu solch eine authentische Kultur finden. Lobpreismusik wird zum Ausdruck unseres Lebensstils als junge Christen. Wir stehen auf gute Musik, aber wir stehen auch zu unserer Beziehung zu Jesus. Wir hören Lobpreis-CDs beim Aufstehen oder auf dem Weg zur Arbeit, um uns daran zu erinnern, was wir an Jesus haben. Oder wir singen lauthals im Auto mit, weil es einfach Spaß macht und weil diese Texte das sagen, was wir auch erlebt haben: »Groß ist unser Gott«, »Du bist gut, Herr«, »Jesus, Liebe meines Lebens«.

Wenn moderner Lobpreis in unseren Gemeinden mehr Platz einnimmt, wird das Reich Gottes einfach greifbarer. Außer unserem Kopf werden auch unser Herz, unsere Seele und unser Körper angesprochen. In den traditionellen Kirchen geht das nicht immer von heute auf morgen. Die Kirchenmusiker stehen vor einer echten Herausforderung. Sie haben vielleicht sechs oder acht Jahre studiert, haben die beste klassische Musikausbildung genossen, die man kriegen kann. Nun kommt ein langhaariger 18-Jähriger mit zehn Akkorden auf der Gitarre, der an ihrer Stelle den Gottesdienst gestalten will. Und wenn er tatsächlich ran darf, dann klatschen die Leute noch minutenlang Beifall. Da muss man in seiner Demut schon sehr fortgeschritten sein, um zu merken, dass es im Grunde immer um dasselbe geht: Jesus zu verherrlichen.

Am Anfang steht oft ein Team: eine Musikgruppe, eine Band, aber eben mehr als das. Leute, die sowohl ein Herz für Anbetung als auch musikalische Gaben haben. Das ist eine Kombination, die nicht selbstverständlich ist. Wem die Musikalität fehlt, der hat vielleicht einen Gebetsdienst oder andere unterstützende Aufgaben.

Oder er pflegt die Anbetung für sich persönlich besonders intensiv – vielleicht ist es genau das, was Gott will. Aber er muss nicht mitsingen oder spielen. Lobpreis ist wichtig, er kann unser Glaubensleben und unsere Gottesdienste enorm bereichern, aber er ist auch nicht alles. Man kann es auch übertreiben. Ich finde es interessant, dass die Casting-Shows in Deutschland nun langsam am Kippen sind – wir haben einfach die Nase voll davon. Am Anfang haben wir keine Show versäumt, mit den Kandidaten mitgefiebert. Jetzt wiederholt sich langsam alles. Vier mal pro Woche Superstar und Co. anschauen wird auf die Dauer doch zu viel. Und all die neuen CDs kann man sich auch nicht mehr kaufen, die Namen all der Gewinner nicht mehr merken ...

Das sollte uns mit Lobpreis und Anbetung nicht passieren. Das ist keine christliche Modeerscheinung, sondern eine Grundberufung. Wir müssen uns auf die ganz lange Strecke einstellen, uns immer wieder erneuern lassen – in unseren Herzen und in unserer Musik.

Wir dürfen nicht zulassen, dass wir abstumpfen durch Gewohnheit und Kommerzialisierung. Man kann die »Salbung« von Lobpreis nicht festhalten oder gar kaufen, auch wenn man in manchen Prospekten christlicher Verlage diesen Eindruck bekommen kann. Gebet ist zuerst eine Sache zwischen Gott und mir; und wenn es da nicht stimmt, kann mir die »gesalbteste« Lobpreis-CD, der »vollmächtigste« Lobpreisleiter und die beste Band nicht helfen. Wir dürfen den Kern von Lobpreis und Anbetung nicht aus dem Auge verlieren: Die Begegnung mit dem lebendigen Gott.

Marcus Watta: Geht's auch auf Deutsch?

Begegnungen spielen auch für einen weiteren Musiker aus dem *Feiert Jesus!*-Team eine wichtige Rolle: Gitarrist Marcus Watta zieht besondere Kraft aus dem

Marcus Watta: »Wir müssen Lieder aus unserer Seele schreiben.«

gemeinsamen Produzieren. »*Es ist ja nicht normal heute, dass Musiker ein Album gemeinsam einspielen. Aber gerade, dass wir zusammen musizieren, der soziale Aspekt, das ist für mich überaus wichtig.*« Für Marcus Watta gehört auch dazu, gemeinsam zur Ruhe zu kommen. Hast und künstlich erzeugter Stress sind seine Sache nicht und so verwundert es auch nicht, dass ihm die Tour zu *Feiert Jesus! 11* nicht sonderlich Spaß gemacht hat. »*Es gab einfach nicht die Möglichkeit, sich wirklich aufeinander einzuspielen, gemeinsam besondere Momente zu entwickeln. Es war jeden Tag eine andere Bühne, und viel Zeit und Energie gingen für den Aufbau und die Proben drauf.*«

Marcus Watta ist seit der vierten Folge mit dabei, in erster Linie als Gitarrist, aber immer wieder auch als Sänger. Marcus spricht ruhig und bedacht, wägt seine Worte sorgfältig ab und man gewinnt den Eindruck, dass er jedes unnötige Wort zu vermeiden sucht, was das Gespräch mit ihm angenehm und wertvoll macht.

Marcus kommt 1969 in der Pfalz zur Welt. Seine Eltern sind evangelisch, gläubig, aber keine regelmäßigen Kirchgänger. Er besucht einen katholischen Kindergarten. »*Ich hatte schon immer eine ökumenische Lebens- und Sichtweise*«, sagt Marcus. Das hat sich bis heute gehalten. Im Gespräch mit Albert Frey hat Marcus durchaus Sympathien für die katholische Kirche entwickelt. Falsches Selbstbewusstsein ist ohnehin nicht sein Ding: »*Viele Leute bewundern einen immer wieder dafür, dass man Musiker ist. Dass man in einer Band spielt oder eben einfach eine kreative Arbeit macht. Aber Musik alleine ist nichts. Musik lebt aus dem Kontext heraus.*«

Nach dem Kunststudium und einem Referendariat studierte Marcus Watta noch einmal freie Kunst. In dieser Zeit nahmen seine musikalischen Engagements immer weiter zu, und so entschied er sich für eine professionelle Musikerlaufbahn. Doch auch die Schönheit von Sprache begeistert ihn. Er ist kein Gegner amerikanischer oder englischer Lieder, aber ein Verfechter einer deutschen Lobpreiskultur: »*Ich war und bin bei* Feiert Jesus! *nicht mit allen Liedern einverstanden: Wir machen es uns manchmal immer noch zu einfach. Die Zeit ist einfach vorbei, Lieder zu importieren und sie dann wie die ›Hose mit der Zange anzuziehen‹, deutsche Übersetzungen anzufertigen, die zugunsten des Rhythmus an Inhalt verlieren. Es ist absolut an der Zeit, dass wir noch viel mehr eigene, deutschsprachige Lieder schreiben, die richtig stark sind.*« Wie viele deutsche Künstler wohl in den USA präsent seien? »*Aber ich glaube nicht, dass die Amerikaner keine deutschen Lieder singen, weil sie sie nicht mögen. Sondern wir haben uns darauf eingerichtet, ihre Lieder zu übernehmen und unsere eigenen Bemühungen hintanzustellen. Dabei brauchen wir dringend Lieder, die unserer Mentalität entsprechen, die aus unserer Seele geschrieben sind.*« Es sollen Lieder sein, um die man nicht herumkommt, und darum bemüht sich Marcus Watta mit seinen Soloprojekten. Die Alben »Vision« und »Psalm« liegen ihm dabei besonders am Herzen – auf dem Weg zu authentischem Lobpreis aus Deutschland.

Daniel Jakobi: Spass am Stress

Daniel Jakobi, Schlagzeuger bei *Feiert Jesus!* seit der siebten Produktion 2001, erinnert sich noch gut an den Wettstreit: »*Marcus Watta und ich hatten einen Trinkwettkampf ins Leben gerufen. Irgendwie hatten wir beide vorher einen Bericht gelesen oder gesehen, dass man eigentlich viel mehr trinken müsste, und so forderten wir uns gegenseitig heraus, wer mehr trinken konnte. Ich muss gestehen: Marcus hat mich bei weitem übertroffen. Er hat an einem Tag sie-*

Heimspiel in Heidelberg: Rhythmus-Akrobat Daniel Jakobi.

beneinhalb Liter Wasser geschafft ... Der Nebeneffekt war allerdings ziemlich nervig – wir mussten alle fünf Minuten zur Toilette.« Während wir uns über Daniels Geschichte unterhalten, fordert seine kleine Tochter Papas Aufmerksamkeit. Daniels Frau ist gerade bei einer Konferenz und so ist der freiberufliche Schlagzeuger eben heute zu Hause. Doch natürlich ist er häufig unterwegs. Ob mit Lothar Kosse, Arne Kopfermann, Judy Bailey oder Ralf Schroeter – Daniel Jakobi trommelte schon mit vielen christlichen Musikern auf der Bühne. Er erinnert sich zum Beispiel an Judy Bailey: »*Mit Judy war das am Anfang immer sehr lustig. Sie war ziemlich locker und alles wurde irgendwie dem Augenblick überlassen. Wir haben also kaum gemeinsam geprobt und es gab auch nicht wirklich Arrangements für die Stücke. Das kam einfach aus dem Moment heraus.*«

Daniel – übrigens nicht zu verwechseln mit »dem anderen« Daniel Jacobi – wollte schon immer Musiker werden, und tatsächlich schaffte er es im ersten Anlauf an die renommierte Berufsfachschule für Musik in Dinkelsbühl, die als Eliteschmiede für Schlagzeuger gilt. Während dieser Zeit traf er auf Christoph Buskies, den Organisator der Promikon-Musikmesse. »*Christoph arbeitete damals mit Gene Hendrix und brachte uns zusammen. So hatte ich dann meine ersten richtigen Auftritte.*« Wenn Daniel heute gerade nicht für *Feiert Jesus!* spielt, dann unterrichtet er entweder an der Popakademie Baden-Württemberg in Mannheim Rhythmische Gehörbildung und Body Acoustics oder werkelt in seinem eigenen Studio.

Zu *Feiert Jesus!* kam er eigentlich ganz unspektakulär: Eines Tages rief Albert Frey an und fragte, ob er nicht Lust hätte, dabei zu sein. Daniel war bereits zuvor an verschiedenen Projekten in Heidelberg beteiligt, zum Beispiel bei dem Worship-Event »Heidelpraise«, und daher kannten die beiden sich auch. »*Die Arbeit bei* Feiert Jesus! *ist besonders schön für mich, weil die Aufnahmen* ja schon seit einiger Zeit bei uns in der Gemeinde stattfinden und ich somit in einem sehr angenehmen Umfeld arbeiten kann.« Doch Daniel erinnert sich auch an stressige Momente, zum Beispiel bei den Aufnahmen zur zehnten CD: *»Wir hatten wenig Zeit und mussten dann an nur einem Tag fünf Lieder aufnehmen. Das war einfach heftig! Eigentlich mag ich Stress, wenn es hektisch wird und viel los ist ..., aber das war einfach zu viel. Als ich während der siebten Produktion immer wieder zwischen dem Kirchentag in Frankfurt und unseren Aufnahmen in Mosbach hin und her gependelt bin, hat mir das richtig Spaß gemacht. Wenn ich auf dem Kirchentag Pause hatte, habe ich meinen Teil bei* Feiert Jesus! *eingespielt. Anschließend bin ich wieder zurück nach Frankfurt, um dort weiter zu machen. Das war lustig.«*

Auch an die Produktion der elften CD im April 2005 erinnert sich Daniel intensiv: *»Wir waren ja auf Tour und genau in dieser Zeit starb Papst Johannes Paul II. Für viele Besucher unserer Konzerte hatte das sicherlich in dem Moment nicht so eine Bedeutung. Aber da Albert Frey ja aus der katholischen Kirche kommt, hatten wir auf einmal alle einen ganz anderen Bezug dazu. Wir haben natürlich viel über die Unterschiede zwischen Protestanten und Freikirchlern und Katholiken gesprochen und ich muss sagen, dass gerade die Gespräche mit Marcus Watta meinen Blick auf die katholische Kirche und das Amt des Papstes doch entscheidend verändert haben.«* Überhaupt hat Daniel in der Zusammenarbeit mit Albert Frey einen besonderen Wert entdeckt: *»Auch wenn es so aussehen mag, als müsste ich das sagen: Die Zusammenarbeit mit Albert als Produzent ist unheimlich bereichernd. Er schafft es hervorragend, einen zu motivieren und zu unterstützen! Auf der einen Seite ist klar, dass er der Produzent ist, aber er lässt jedem seine Freiheiten, sich auszudrücken. Es ist wirklich nie stressig mit ihm.«*

Lukas Di Nunzio: Mit drei Akkorden geht fast alles ...

So hat es auch Lukas Di Nunzio erlebt, der bereits von Anfang an mit Albert Frey zusammengearbeitet hat. Auch sein Handicap, keine Noten lesen zu können, war überhaupt kein Problem.

1966 in Wuppertal geboren, lernt Lukas im Alter von zwölf Jahren die ersten drei Gitarrenakkorde (D, G, A) von seiner Mutter, um das Lied »Lasst die Herzen immer fröhlich« zu spielen. »*Schnell habe ich entdeckt, dass man mit drei Akkorden quasi jedes Lied der Welt spielen konnte. Okay, manchmal klingt es eher schrecklich, aber manchmal auch ganz gut. So fand meine erste Gehörbildung bei uns im Wohnzimmer statt ...*« Trotz dieser Erkenntnis

Lukas Di Nunzio scheint mit dem satten Sound von *Feiert Jesus! 12* zufrieden.

entschloss sich Lukas, doch noch ein paar weitere Akkorde zu lernen, und begann mit Gitarrenunterricht. Weil ihm die klassische Ausrichtung nicht behagte, brach er den Unterricht nach einem halben Jahr ab und lernte eigenständig weiter. »*Als ich 14 war, kaufte meine Mutter dann ein Klavier. Es war mehr als Möbelstück gedacht – und billig. Doch ich habe trotzdem angefangen, darauf herumzuklimpern, und dann auch eine erste Melodie gespielt. Das führte dazu, dass meine Mutter entschieden hat, dass ich doch Klavierunterricht nehmen sollte. Zwei Jahre lang bin ich in Gelsenkirchen zum Klavierunterricht gegangen und habe es bis zu Bachs ›Kleine Präludien und Fughetten‹ gebracht. Irgendwie habe ich dann aufgegeben und mich mehr darauf konzentriert, Choräle aus dem Gesangbuch zu begleiten. Daraus entstand die Idee, doch lieber Orgel zu erlernen, und ich nahm ein Jahr lang Unterricht beim Kantor Hanns Bierbrodt und lernte zusätzlich Gesang in der Gelsenkirchener Kantorei. Nachdem ich also drei Instrumente angefangen hatte, spürte ich, dass ich einfach auch sehr gerne sang und stieg bei ›Christians at Work‹ (CaW) ein. Dort kam es dann zu meiner ersten Begegnung mit Klaus Lüdemann, Kathi Arndt und Bernd-Martin Müller.*«

Nun verfügte Lukas Di Nunzio also über ausreichend musikalisches Grundwissen und schrieb ein Lied für einen »Ostertreff« von Operation Mobilisation (OM). »*Dieser Song war quasi meine erste Berührung mit dem Hänssler Verlag, denn ich habe ihn damals an den Verlag geschickt und er erschien auch tatsächlich im Liederbuch ›Jesus Name nie verklinget‹. Nachdem ich noch ein Jahr klassischen Gesangsunterricht genommen hatte, fing ich an, bei OM mitzuarbeiten – erst in diversen Musikteams und später als musikalischer Leiter des Missionswerkes bis 1997. Während dieser Zeit hatte ich zusätzlich die Gelegenheit, mit Noel Richards, Frank Fortunato und Graham Kendrick zusammenzuarbeiten. Das alles ist dann in* Feiert Jesus! *gemündet.*« Bei *Feiert Jesus!* war

Lukas di Nunzio bis zur siebten Folge 2001 aktiv dabei, bevor er sich zeitweise, bedingt durch eine Lebens- und Glaubenskrise, zurückzog.

Alexander Lucas: Lernen von der Politik

Idealerweise steht einem Produzenten eine helfende Hand zur Seite, jemand, der Organisation und Vorbereitung übernimmt, der sich mit all den Dingen beschäftigt, die außerhalb der Lied- und Musiker- sowie Sängerauswahl liegen, und

Alexander Lucas leitet die (Menschen-)Fischer-Chöre für *Feiert Jesus!*

die ganze Produktion zusammenhält. Mit Alexander Lucas hat Albert Frey einen Co-Produzenten, der sich diesen Aufgaben in den vergangenen Jahren außerordentlich professionell gewidmet hat. Dabei liegt das primäre Tätigkeitsfeld des gebürtigen Heidelbergers gar nicht in der Musik, sondern in der Politik. Als Mitarbeiter eines SPD-Bundestagsabgeordneten und SPD-Regionalgeschäftsführer im Kreis Heidelberg beschäftigt sich Alexander tagtäglich mit den Widrigkeiten der bundesdeutschen Tagespolitik. Doch ist die Arbeit in der Politik sicherlich eine gute Schule, wenn es zum Beispiel um das Organisieren geht. Zum Organisieren gehört bekanntlich auch das Delegieren. Und das wiederum klingt zumindest ähnlich wie »Dirigieren« – als Dirigent stieß Alexander Lucas 1999 im Alter von 26 Jahren zum *Feiert Jesus!*-Team, leitete den Chor bei *Feiert Jesus!* 6 und 7 und übernahm anschließend die Organisation der gesamten Produktion.

Seine ersten musikalischen Schritte unternahm er mit der Blockflöte, gefolgt von einigen Jahren im örtlichen Posaunenchor. Und obwohl er als Kind sogar schriftlich versicherte: »Ich will nie Klavier lernen«, wandte er sich den schwarzen und weißen Tasten zu, von Anfang an im Bereich Rock und Pop. Es folgten diverse Engagements mit Schülerbands und Chören, bis er schließlich zu *Feiert Jesus!* kam.

Florian Sitzmann: Erfolg mit Xavier Naidoo

Er gehört zwar nicht zur Stammbesetzung von *Feiert Jesus!*, hat den Produktionen durch sein Mitwirken aber immer wieder besondere Noten verliehen. Im »Noten verleihen« ist er ohnehin sehr gut und so zählt Florian Sitzmann längst zu den bekanntesten christlichen Musikern Deutschlands. Sein musikalischer Werdegang klingt verdächtig nach

Florian Sitzmann ist mehr als ein Tasten-König: Er arbeitet als Produzent, Komponist und Pianist.

»Wunderkind«: 1965 in Karlsruhe geboren, erhält Florian bereits mit fünf Jahren Klavierunterricht und absolviert zwei Jahre später erste Auftritte. Mit knappen acht Jahren beteiligt er sich erfolgreich an Klavierwettbewerben wie »Jugend musiziert«. Mit dreizehn beginnt seine Ausbildung in Musiktheorie, Komposition und Orchesterleitung am Badischen Konservatorium in Karlsruhe. Es folgen immer neue musikalische Höchstleistungen: Auftritte als Klaviersolist des Sinfonieorchesters des Konservatoriums, der dritte Preis beim bundesdeutschen Kompositionswettbewerb des Verbandes deutscher Musikschaffender und Kulturpreise. Schließlich studiert Florian Sitzmann an der Staatlichen Hochschule für Musik in Karlsruhe.

In der christlichen Musikszene brilliert er als Pianist und Arrangeur für Cae und Eddie Gauntt, in der säkularen Musikwelt verschafft er sich in der Zusammenarbeit mit Nena, Edo Zanki, André Heller und Nino de Angelo Respekt. Als Arrangeur und Musical Director bringt er 1995 »Der Messias – Händel meets Pop«

auf die Bühne und ins Fernsehen. Seit 1999 arbeitet Florian Sitzmann mit Xavier Naidoo und den Söhnen Mannheims zusammen. Deren Album »NOIZ«, das er gemeinsam mit Michael Herberger produzierte, war sein bisher größter Erfolg; es hielt sich monatelang in den deutschen Charts. Neben vielen musikalischen Engagements leitet Florian Sitzmann seit 2003 den Studiengang Produktion der Popakademie Baden-Württemberg in Mannheim.

Andreas Volz:
gottzentrierte Musik

Wenn Andreas Volz an den Süden denkt, dann meint er nicht in erster Linie den Süden Deutschlands, sondern den unserer Erdkugel, denn dort, in Papua-Neuguinea, verbrachte er die ersten Lebensjahre. In der tropischen Hitze arbeitete sein Vater als Missionar. Nach elf Jahren ging es dann zurück, und was Andreas im Gepäck hatte, war neben seinem

Andreas Volz: »War das jetzt gut oder soll ich es noch einmal singen?«

Glauben ein weiter Horizont und eine tiefe Sensibilität. Beides wollte er durch seinen Gesang ausdrücken. Zunächst war er Teil des Chores »Die Wasserträger«, anschließend Sänger der Band »Turn Around«. Der Musiklektor und Produzent Gerhard Schnitter wurde auf Andreas' außergewöhnliche Stimme aufmerksam und begann mit ihm zu produzieren und Konzerte zu geben. Kurz darauf lernte Andreas die Gruppe »Beatbetrieb« kennen und gewann gemeinsam mit ihnen den Newcomer-Award bei VIVA.

Weitere Engagements folgten für Aufnahmen mit Lothar Kosse, Albert Frey, Udo Rinklin, Linus Haug, Hans-Werner Scharnowski und für diverse *Feiert Jesus!*-CDs. Mittlerweile entstanden zwei Solo-CDs von Andreas Volz; zunehmend schreibt und komponiert er selbst Lieder. Er findet Worte und Melodien, die seine Geschichte erzählen, und das auf eine Art und Weise, die dem Zuhörer nahe geht und Horizonte öffnet. Darin erzählt er von seiner persönlichen Beziehung zu Gott und man spürt Andreas Volz ab: Das sind Lieder, die sein Leben geschrieben hat. Lieder für die Gemeinde, authentischer Lobpreis liegen Andreas Volz am Herzen. Daher will er sich in Zukunft verstärkt dem Anliegen widmen, *»moderne, anspruchsvolle und gottzentrierte Musik in die Kirchen unserer Zeit zu bringen«.*

Johannes Falk: Familienbande

Eigenen Angaben zufolge ist Johannes Falk an einem 15. Februar »Ende der siebziger Jahre« geboren – echte Rockstars halten ihr Alter natürlich geheim ... Aufgewachsen in Darmstadt, konnte er sich mit seinen elf Geschwistern bestens auf die Herausforderungen der späteren Band- und Chorarbeit vorbereiten: Wer seine Kindheit mit fünf Brüdern und sechs Schwestern verbringt, den können Meinungsverschiedenheiten innerhalb einer Band sicher nicht mehr aus dem Gleich-

Echte Rockstars halten ihr Alter geheim: Sebastian D. Cuthbert und Johannes Falk.

gewicht bringen. Johannes ist sich nicht ganz sicher, aber er meint, dass er zur Zeit der Onkel von mindestens 35 Neffen und Nichten ist. Somit stand der Gründung der familieneigenen Big Band eigentlich nichts im Wege und in der Tat gründete Johannes mit 13 Jahren mit drei Brüdern seine erste Band.

2001 trat er als Sänger der Band »On A Mission« bei und absolvierte mit ihr mehr als 200 Auftritte in Deutschland, der Schweiz und sogar in den Niederlanden und Finnland. Seit 2004 studiert Johannes Falk an der renommierten Popakademie Baden-Württemberg in Mannheim und verfolgt sein eigenes musikalisches Bandprojekt »Falk«. Zu *Feiert Jesus!* stieß er mit der neunten Folge. Seine rockige, oftmals raue Stimme verleiht den Liedern eine ganz besondere Note.

Sebastian D. Cuthbert: Multitalent am Mikrofon

Dass der Siegener Sebastian D. Cuthbert bei *Feiert Jesus!* in erster Linie als Sänger auftaucht, mag manchen verwundern, der weiß, dass er – genau wie Daniel Jakobi – Schlagzeug an der Berufsfachschule für Musik in Dinkelsbühl studiert hat. Aber der Sohn zweier musikalischer Eltern wollte sich nicht einengen lassen und entwickelte sich zum begnadeten Sänger, Songwriter, Gitarristen und Keyboarder. Als Schlagzeuger begleitete er Paul Coleman oder Judy Bailey, unterstützte »Normal Generation« und »Beatbetrieb« in den Vorausscheidungen des Grand Prix d'Eurovision und ist Teil der legendären Formation »Damaris Joy«. Gleichzeitig fungiert er im Rock-Trio »Princess Pants« als Schlagzeuger, Leadsänger und Songwriter und in der Pop-Soul-Formation »Acoustic Soul« als Sänger und Gitarrist. Ein Höhepunkt seiner bisherigen Arbeit war sicherlich sein Engagement als Backgroundsänger bei Nena.

Jo Jasper

Mit Nena hat er zwar nie gesungen, dafür stammen die Hits vieler Schlagergrößen aus seiner Feder. 1963 in Hiltpoltstein in der Fränkischen Schweiz als Josef Pöhlmann geboren, fand Jo Jasper schon früh zur Musik. Mit drei Jahren versuchte er sich bereits am elterlichen Klavier, mit zehn Jahren kam er auf das ehrwürdige Konservatorium der Regensburger Domspatzen. Doch während er dort Etüden und Fingersatzübungen wiederholte, hörte er im Radio die Musik, die ihn wirklich begeisterte. Jo erinnert sich noch gut: *»Ich saß gerade wieder am Klavier und machte eintönige Fingersatzübungen. Und nach einer Weile konnte ich nicht mehr und fing an, mich an dem Lied zu*

Jo Jasper (Ex-ProJoe): »Ich will eine musikalische Antwort geben.«

versuchen, welches ich am Morgen im Radio gehört hatte. Tja und so klang dann – vielleicht zum ersten Mal – ›Hey Jude‹ von den Beatles durch die Hallen der Domspatzen.«

Jo blieb bei der Popmusik, als Musiker in der Soulband »Joker« zusammen mit John Davis. 1985 schrieb er mit dem Texter Robert Jung den Titel »Kinder der Erde« und trat als Danny Fischer beim deutschen Vorentscheid des Grand Prix in München auf. Am Ende fehlten ihm 398 Stimmen, er wurde Siebter. Sieger wurde damals die Gruppe »Wind«, die dann in Göteborg Platz 2 erreichte. Pöhlmanns Enttäuschung verflog allerdings schnell, denn Ralph Siegel bot dem jungen Musiker einen Autorenvertrag an. In den folgenden drei Jahren schrieb Jo Songs für Nicole, Wolfgang Petry und – Ironie des Schicksals – die Gruppe »Wind«. Jo Pöhlmann denkt zurück: *»Es war wie in einer Songfabrik. Wir Autoren saßen im Studio im Keller, schrieben und arbeiteten an den Songs, sangen Demos ein. Und oben im Wohnzimmer saßen die Interpreten,* *die dann später die Titel auf den Bühnen der Schlagershows singen sollten. Ich erinnere mich noch daran, wie einmal Stefan Waggershausen – für den wir gerade arbeiteten –, ein Champagnerglas schwenkend, in den Keller kam und uns bei der Arbeit beobachtete. Es war eine ganz seltsame Situation: Niemand sagte etwas und nach einer Weile stand er einfach wieder auf und ging.«*

Nach drei Jahren beschloss Jo Pöhlmann, sich wieder auf seine eigene musikalische Arbeit zu konzentrieren. In derselben Zeit fand er auch wieder zurück zu Gott. Katholisch aufgewachsen, gewann der Glaube nun zunehmend an Bedeutung für ihn. Obwohl er unter dem Namen ProJoe ab 1989 viel mit Musikern aus dem Bereich evangelikaler Gemeinden und Werke zusammenarbeitete, blieb er katholisch und arbeitet bis heute eng mit katholischen Einrichtungen zusammen. In den ersten zehn Jahren veröffentlichte ProJoe fast ausschließlich englischsprachige Aufnahmen. Dann folgte das Album »Zuhause sein bei Gott«.

Doch zunehmend empfand Jo, noch nicht dort angekommen zu sein, wohin er eigentlich gehört. Erst als er sich 2004 entscheidet, unter neuem Namen und deutsch zu singen, platzt der Knoten. Sein Album »Angekommen« markiert den Wechsel und mit neuem Elan widmet Jo sich verschiedenen Projekten. Er engagiert sich für die evangelistische Großveranstaltung ProChrist und startet mit seinem Soloprogramm »hörensWERT« ein Angebot zur Förderung wertorientierter Musik. *»In all den Jahren als Musiker habe ich viele Menschen gesehen und war immer mittendrin. Ich habe ein Gefühl für Atmosphären und Stimmungen bekommen und gelernt, mich in Menschen hineinzuversetzen und herauszufinden, was ihre Empfindungen sind. Darauf will ich eine musikalische Antwort geben. Musik machen ist ein Kommunizieren von Herz zu Herz. Ein Blick hinter die Fassaden. Ein Erkennen der Träume und Wünsche. Daraus entstehen meine Texte und meine Lieder. Es ist mein Ziel, hörensWERT zu sein und hörensWERTE weiterzugeben. Werte des*

Selbstbewusstseins, Werte des Glaubens, Werte des Zusammenlebens.«

Wie hat Jo Jasper seine Mitarbeit bei *Feiert Jesus!* in Erinnerung?

»In den vergangenen Jahren habe ich bei acht CDs der Reihe mitgesungen und war von Anfang an dabei. Es dürften um die 24 Lieder geworden sein. Das waren immer sehr intensive und auch heitere Prozesse. Ich kann mich noch sehr gut an die Sessions in Mosbach erinnern, als Bernd-Martin Müller oder auch Robin Casey noch dabei waren. Wir hatten wirklich lustige, unbeschwerte, aber auch sehr konzentrierte Zeiten und die Zusammenarbeit war eine echte Freude.

Interessant an Feiert Jesus! *ist, dass mein Leben im Glauben fast genau so lange besteht wie diese CD-Reihe. Sie hat mich und meinen Weg als Christ daher in all den Jahren begleitet. In der Zeit der Aufnahmen, bis auf die letzte, war ich Mitglied einer freien charismatischen Gemeinde, und diese Art von Lobpreis und Anbetung war auch in unseren Gottesdiensten üblich. Ich kannte das vor meiner Umkehr zu Jesus überhaupt nicht, und dieser Stil war mir völlig neu. Ich war es gewohnt, Popstücke zu schreiben. Die häufige Art, nur wenige Worte oder Textzeilen mehrmals zu wiederholen, war mir damals fremd und ich konnte sie erst im Laufe der Zeit durch meinen persönlichen Glauben als Form der Anbetung Gottes begreifen.«*

Aus der Songfabrik in die Kirche

»Bei den ersten Produktionen war ich sehr aufgeregt und angespannt. Ich kam aus dem weltlichen Musikbusiness in die christliche Szene hinein und fragte mich Sachen wie: Bin ich gut genug? Bekomme ich auch das richtige Solo? Kommen die anderen besser raus als ich? Ich kämpfte darum, dieses Suchen nach Anerkennung, ja, mein ganzes Talent in die Hände Gottes zu legen.

Ich empfand einige Sessions als Kräftemessen und betete darum, meinen eigenen Weg zu finden. Viele von uns Solosängern hatten schon eigene CDs veröffentlicht und wir trafen uns dann zu diesen gemeinsamen Aufnahmen. Es gab natürlich auch schon ›Stars‹, obwohl keiner so richtig darüber sprach. Ich tat mich schwer, spürte aber, dass Gott an mir arbeitete.

So dachte ich in meiner ›bekehrten Naivität‹, in der christlichen Szene sei nun alles anders und hier gäbe es keine Konkurrenz, sondern nur ein Miteinander. Hier begann für mich ein ganz neuer Prozess, in dem ich viel lernen musste. Heute weiß ich, dass Konkurrenz und das Messen mit anderen zu meinem Beruf gehört. Ich will mich offen und ehrlich damit auseinandersetzen. Die Frage ist für mich nur, wie ich das aus meinem Glauben heraus tue.

Unsere Feiert Jesus!*-CDs wurde von einigen Kollegen als ›Low Budget‹-Produktionen kritisiert, als billige Produktionen, die vor allem hohe Auflagenzahlen erreichen sollen. Dem wurde entgegengesetzt, man wolle den Leuten die Möglichkeit geben, die CD günstig zu erwerben, damit möglichst viele sie singen. Es begann die Zeit, in der die deutsche christliche Szene mehr und mehr zum Geschäft wurde.* Praise & Worship *wurde zu einer Marke. Natürlich verdiente auch ich mit diesen Produktionen Geld, denn Musik war und ist mein Beruf (wobei ich zum größten Teil als Unterhaltungsmusiker arbeite). Viele Fragen bedrängten mich: Kann ich gleichzeitig Gott dienen und damit Geld verdienen? Bin ich ehrlich in dem, was ich tue? Dient dies nur meiner Eitelkeit, um meinen Namen bekannt zu machen? All diese Dinge spielten in diese Zeit hinein. Viele Fragen und Gedanken.*

Nach der siebten CD-Produktion 2001 gab es in meinem Leben eine Veränderung; meine Frau und ich verließen nach 13 Jahren unsere charismatische Gemeinde. Einer der Hauptgründe für mich war damals die Frage, inwieweit unsere fromme Sprache die Welt noch erreicht und ob wir uns als Christen nicht schon längst viel zu sehr abgeschottet haben. Es war eine Zeit vieler Brüche und ich begann, mich sehr kritisch mit der Szene auseinander zu setzen. Ich fragte mich: Gibt es nur die Sprache von Praise & Worship *oder auch andere Formen der Anbetung?*

In dieser Zeit spielte ich fast nur noch im Unterhaltungsbereich in der nichtchristlichen Szene. Einmal fragte ich eine fromme Journalistin bei einem christlichen Festival: ›Haben Sie schon einmal My Way *(bekannt durch die Interpretation Frank Sinatras) für Jesus gesungen?‹ Ich wusste gar nicht, ob sie selbst sang oder diesen Song überhaupt kannte, aber hinter meiner Frage verbarg sich für mich eine ganze Welt. Ich sang auf Geburtstagen, bei Golfturnieren, Empfängen oder Dinnerveranstaltungen und immer war es für mich eine Form der Anbetung, die Lieder aus dem Repertoire der Unterhaltungsmusik aus meinem Glauben heraus zu singen und dadurch eine bestimmte Atmosphäre zu verbreiten. Weil mir das auch gelang, spürte ich für mich den Drang, den Begriff der Anbetung weiter zu öffnen. Ich wollte die Menschen, die Gott noch nicht begegnet waren, daran teilhaben lassen. Das beeinflusste natürlich auch die Sprache in meinen Liedern. So ging ich meine Wege immer weiter in die Gesellschaft hinein, scheiterte zugleich aber mehr und mehr in der Szene, in der ich als Christ groß geworden war. Ich fühlte mich oft alleine.«*

»Welch ein Freund ist unser Jesus«

»2006 dann bei Feiert Jesus! 12 *mitzusingen, fiel mir richtig schwer. Als Albert Frey mich fragte, ob ich mitmachen wolle, war ich zwar schon am Zweifeln, sagte aber dennoch zu – nicht zuletzt, weil ich Albert und seine Arbeit über die Jahre hinweg sehr schätze. Inzwischen gab es bereits das Projekt Jo Jasper, wo ich einen vor allem textlich ganz eigenen Weg gehe. So kam ich zu den Aufnahmen nach Heidelberg. Ich tat mich schwer, spürte, dass einige nichts*

damit anfangen konnten, dass ich meinen Namen von ProJoe in Jo Jasper geändert hatte. Das war nicht leicht und ich war in diesen Tagen wie blockiert und kam mir außenstehend vor. Unter anderem sang ich das Lied ›Welch ein Freund ist unser Jesus‹, das mir sehr half, denn ich stand zeitweise wirklich neben mir.

Es ist nicht einfach zu begreifen, wie viele Auswirkungen es hat, eine bestimmte Welt mit all ihren Gesetzmäßigkeiten und Ansprüchen zu hinterfragen. Ich war in all den Jahren ein Pendler zwischen zwei Welten und fragte mich oft, warum das so schwierig ist. Ich bin der festen Überzeugung, dass es an mir als Christ ist, mein Herz immer weiter zu öffnen, gerade denen gegenüber, die Jesus nicht kennen, und mich nicht nur in die christliche Welt mit ihren eingespielten Formen zurückzuziehen. Jesu Nähe zu mir und meine Liebe zu ihm hat sich in den Jahren jedoch nicht verändert; das ist nach all der Zeit hoffentlich auch der wahre Grund, warum ich bei den Feiert Jesus!-*Aufnahmen dabei sein durfte. Dafür bin ich dankbar.*

Ich wünsche der Reihe viel Gelingen in der Zukunft, aber auch den Mut zu neuer Offenheit in die Gesellschaft hinein, gerade auch mit Liedern, die Jesus feiern und zugleich textlich neue Wege gehen. Ich kann verstehen, dass der Leib Christi ermutigt werden will, wünsche mir aber in allem Streben darum mehr Transparenz nach außen und keine christliche Parallelgesellschaft.«

Natürlich sind noch viel mehr Menschen, die hier nicht ausführlich erwähnt werden, von großer Bedeutung für *Feiert Jesus!*. Dazu gehören zum Beispiel Thea Eichholz-Müller, Tina Rink, Lena Ahrend, Robin Casey, Kristin Reinhardt, Volker Dymel, Guido Baltes, Elke Reichert, Conny Reusch, Christian Bader, Stephan Nobis, Florian Marcard, Uta Wiedersprecher, Dirk Benner, Christiane Dennenmoser, Sarah Brendel, Claus-Peter Eberwein, Vladimir Tajsic, Michael Fastenrath und die vielen ungenannten

Chorsänger und -sängerinnen sowie die zahllosen Helfer bei den Aufnahmen in Mosbach, Adelshofen und Heidelberg.

Die Basis, dass die Aufnahmen überhaupt entstehen konnten, soll dabei nicht vergessen werden: das Liederbuch, aus dem die Lieder kommen. Und wie die Lieder in das Buch kommen, darum geht es im nächsten Kapitel.

4. Wie kommen die Lieder in das Buch?

Unerbittlich scheint die Sonne auf das geöffnete Bürofenster und der leichte Sommerwind, der die silbrigen Jalousien zum Schwingen bringt, sorgt kaum für Abkühlung. Gerhard Schnitter sitzt an seinem Schreibtisch, über einen großen Stapel Noten gebeugt, die er in den nächsten Wochen für diverse Produktionen benötigt. Der Musiklektor und Produzent des Hänssler Verlages ist seit über 30 Jahren als Musiker, Musikdozent, musikalischer Leiter des Evangeliums-Rundfunks (ERF) sowie Komponist und Texter unzähliger Lieder und Musicals tätig und war von Anfang an bei *Feiert Jesus!* dabei. »Ich sollte im September 1995 beim Hänssler Verlag

Für *Feiert Jesus!* ist Gerhard Schnitter ein Mann der ersten Stunde.

anfangen«, erzählt Gerhard Schnitter, *»aber ich kam bereits zur ersten Redaktionssitzung für* Feiert Jesus! *im Juni.«* Seitdem hat er alle Sitzungen der Kommission als Vertreter des Verlages geleitet.

Gerhard Schnitter berichtet von den Anfängen des Projektes: *»Die Werke und Organisationen waren schon alle berufen worden und es gab bereits einen Packen mit mehreren 100 Liedern zur Auswahl. Es musste seinerzeit alles ganz schnell gehen, und dann kam ja tatsächlich noch vor Weihnachten das erste Buch heraus.«* Von Anfang an waren viele Werke und Verlage mit dabei: der Bundes-Verlag, Operation Mobilisation, der Altpietistische Gemeinschaftsverband, der Leuchter Verlag, die Evangelische Gesellschaft und der Hänssler Verlag. Ab dem zweiten Band kamen dann der Jugendverband Entschieden für Christus (EC) und ab dem dritten Buch der CVJM hinzu. *»Zu Zeiten von* Feiert Jesus! 1 *hatte der CVJM noch sein eigenes Liederbuch. Jedes Werk hatte im Grunde sein eigenes Liederbuch. Das ist teilweise ja auch Spiegel der Spezifika einer Gruppierung. Nicht ohne Grund sagt man schließlich: ›Welches Gesangbuch hast du?‹ Und genau hier liegt eine der grandiosen Leistungen von* Feiert Jesus!*: dass es gelungen ist, die großen Jugendverbände zusammenzubringen. Damit wir gemeinsam singen und nicht sagen: ›Wir haben CVJM-Lieder, charismatische Lieder oder Api-Lieder‹. Das ist etwas, was* Feiert Jesus! *geleistet hat, dass es innerhalb der Jugendarbeit in Deutschland nun einen gemeinsamen Liederstamm gibt.«*

»Wir sassen an einem Tisch«

Die Zusammenarbeit zwischen den Verbänden schildert Gerhard Schnitter als harmonisch. Er erinnert sich nicht an Schwierigkeiten, obwohl hier doch recht verschiedene Werke und Verbände zusammenkamen. Gerhard Schnitter erklärt sich das so: *»Wenn man es erst einmal geschafft hat, gemeinsam an einem Tisch zu sitzen, dann* *will man auch, dass es klappt. Dann ist man auch mal bereit, auf die Vorschläge einer anderen Gruppierung einzugehen, auch wenn man dies oder jenes selber eigentlich nicht möchte.«* Diese Offenheit und Bereitschaft der einzelnen Verbände und Werke hatte zwei positive Effekte. Zum einen erlebte man, dass eine Zusammenarbeit möglich ist. Zum anderen wurde die Zusammenstellung der Lieder zu einer wirklich bunten Mischung. *»Erstaunlich ist einfach auch, dass der Wirkungskreis von* Feiert Jesus! *weit über die Lobpreisszene hinausgeht. Natürlich ist durch* Feiert Jesus! *der Musikstil ›Lobpreis‹, auch in die mehr evangelikalpietistischen Kreise gekommen. Umgekehrt umfasst* Feiert Jesus! *aber auch ein viel weiteres thematisches Spektrum als nur Lobpreis, zum Beispiel die ›Lebenslieder‹, die viele Lebensbereiche behandeln oder sich auf biblische Texte beziehen, sowie weitere Lieder aus der Liedermacher-Szene.«* Praktisch sah es dann so aus, dass die einzelnen Verbände jeweils Vertreter in die Kommission entsandten.

Und wie kamen die Liedvorschläge in die Kommission? Gerhard Schnitter erklärt: *»Es gab einen großen Stoß mit Noten. Die waren von verschiedenen Menschen eingesandt worden, oder aber die Kommissionsmitglieder brachten sie selbst ein. Meistens waren es Noten, manchmal haben wir aber auch Lieder auf CDs gehört. Wir stellten sicher, dass die Lieder anonym weitergeleitet wurden, sodass niemand wusste, woher sie kamen oder wer sie eingereicht hatte. So fühlte sich keiner übervorteilt. Diese Noten wurden allen in der Kommission vorgelegt und dann wurde ganz demokratisch abgestimmt. Über die meisten Abstimmungen gibt es Protokolle. So musste sich jeder auch mal dem Urteil der Mehrheit ergeben, wenn die der Meinung war, dass ein Lied eben nicht so geeignet sei. Natürlich kam es aber auch vor, dass der eine oder andere Verband gesagt hat, dass dieses oder jenes Lied besonders wichtig ist: ›Dieses Lied singen wir*

---

* »Aussegnungsfeier« bedeutet hier »Trauerfeier« (Anmerkung des Autors).

immer bei unseren Aussegnungsfeiern‹* oder: ›Jenes Lied ist bei uns bei Taufen so beliebt‹.«

Gab es denn keine Diskussionen? Doch, natürlich, immer wieder wurde über die verschiedensten Aspekte der Lieder diskutiert. »*Die Lieder waren nummeriert*«, erzählt Gerhard Schnitter. »*So konnte man dann ein Lied herausnehmen und sagen: ›Hier habe ich Lied Nr. 96 – kennt es jeder, können wir darüber abstimmen?‹ Manchmal war das einfach, aber manchmal eben auch sehr kompliziert. Indem die Kommission sich von sechs Mitgliedern beim ersten Liederbuch auf zwölf beim dritten verdoppelt hatte, wurden die Diskussionen natürlich länger. Wir sprachen über die Übersetzungen bei englischen Liedern, oder jemandem gefiel eine Textzeile nicht. Dann haben wir gefragt, ob man die noch ändern kann, wer mit dem Autor sprechen würde. Wenn das nicht mehr möglich war, mussten wir eben einfach abstimmen. Und manchmal war es natürlich auch so, dass ein Mitglied der Kommission so überzeugt von einem Lied war, dass er oder sie die anderen mit dieser Begeisterung ansteckte.*«

Beflügelter Gesang: Das Instrument für den Klangteppich.

Da nicht alle Kommissionsmitglieder ausgebildete Musiker waren, die neue Lieder vom Blatt singen können, sandte Gerhard Schnitter die Noten bereits im Vorfeld herum, sodass alle die Möglichkeit hatten, sich bereits zu Hause mit den Liedern auseinanderzusetzen. Bei den Sitzungen wurde es dann richtig praktisch: *»Wir haben fast alle Lieder noch einmal gemeinsam gesungen. Es war richtig schön, entweder mit der Gitarre oder am Klavier. So bekamen wir wirklich einen gemeinsamen Eindruck. Wir waren uns auch einig, dass es keine unnützen oder schlechten Lieder gibt – für jedes Lied gibt es ja einen Anlass. Wenn ein Lied ausschied, dann nicht, weil es schlecht gewesen wäre, sondern weil es diesmal einfach nicht passte. Wir haben uns dabei bemüht, das breite Spektrum der Jugendarbeit im Blick zu haben und dann zu fragen: Welches Lied ist geeignet, sprachstilistisch, inhaltlich und vor allem musikstilistisch?«*

Für jedes *Feiert Jesus!*-Buch wurden mehr als 1.000 Lieder eingereicht, und die Kommission hat jeden einzelnen Vorschlag besprochen. Als sich dann vor dem Erscheinen der ersten Ausgabe herumsprach, dass es ein gemeinsames Liederbuch von mehreren Verbänden geben würde, kamen Vorschläge von Jugendgruppen, Autoren, Mitarbeitern in der Jugendarbeit oder Leuten aus dem Umfeld des Hänssler Verlages. Sobald die Kommission etwa 1.000 Liedvorschläge beisammen hatte, begann sie mit der Auswertung: *»Die Kommission hatte dann in der Regel fünf Sitzungen, um sich durch die 1.000 Lieder zu arbeiten. Es mussten also 200 Lieder pro Sitzung besprochen werden. Das war nur mit sehr intensiver Arbeit möglich! Und es ist unglaublich schnell für ein Liederbuch. Wenn zum Beispiel Kirchen ein neues Liederbuch erarbeiten, benötigen sie in der Regel viel mehr Zeit. Letztendlich ging dies nur, weil wir eben so viel hier im Verlag machen konnten. Manchmal waren wir mit der Redaktion noch nicht fertig und die Noten der ersten Lieder waren bereits für den Druck vorbereitet. Vieles lief einfach parallel,* sonst hätte man das gar nicht in einem Zeitraum von Juni bis September schaffen können.«

»Die besten Lieder sind ein Geschenk«

Auch wenn Gerhard Schnitter gerne englisch singt, ist ihm die Entwicklung der deutschsprachigen christlichen Musik ein Anliegen. Wie ist die Kommission eigentlich mit den englischen Liedern umgegangen? »*Nun, wir wollten das Internationale in* Feiert Jesus! *ja dabeihaben. Besonders aus England kamen und kommen viele gute Lieder. Die haben oft eine besondere theologische Tiefe und sind im Text sehr direkt und eindeutig, das ist sehr wertvoll.*«

Der Text spielt für Gerhard Schnitter eine herausragende Rolle – und hier benötigt die deutschsprachige christliche Musik seiner Einschätzung nach noch weitere Impulse, die für mehr Vielfalt und Abwechslung sorgen. Da ist für Gerhard Schnitter die Sprache der Bibel durchaus Vorbild: »*Wenn man einmal betrachtet, mit wie viel Worten Gott in der Bibel bezeichnet wird – ›der Größte‹, ›der Wunderbarste‹, ›der Herrlichste‹ und viele mehr –, da ist die verwendete Sprache in der deutschen christlichen Musik noch vergleichsweise arm.*«

Worauf sollten Nachwuchskomponisten und Texter besonders achten, wenn sie ein Lied für *Feiert Jesus!* einreichen möchten? »*Zuerst einmal sollte man wirklich hart und kritisch mit sich selbst bzw. mit seinen eigenen Kompositionen und Texten sein. Man sollte sich lieber einmal mehr als weniger fragen, ob ein Text und ein Lied wirklich gut sind, ob das wirklich das ist, was man ausdrücken möchte, und ob man alles gegeben hat. Ein Tipp ist zum Beispiel, sich einmal die Texte von Martin Luther vorzunehmen. Luther oder auch später die Komponisten in der Romantik haben sprachlich mit der Form ihrer Zeit gearbeitet und Begriffe ihrer Zeit verwendet. Als Komponist sollte man sich also die Frage stellen: Welche*

Form ist heute angemessen? Welche Stile und Ausdrucksformen sind zeitgemäß? Es ist darüber hinaus ratsam, nicht in irgendwelche frommen Formulierungen zu verfallen. Nicht alles, was fromm klingt, ist auch gut ...!« Gerhard Schnitter weist noch auf einen anderen Aspekt hin, wenn es darum geht, ein Anbetungs- oder Lobpreislied zu schreiben: *»Es ist wahrscheinlich das Wichtigste, dass man sich die Zeit nimmt, mit Gott zu sprechen. Gott zu fragen, was er sagen möchte, denn die besten Lieder sind einfach ein Geschenk.«* Gerhard Schnitter steht auf und holt ein Manuskript aus seinem Schrank. *»Dieses Lied hier wurde von einem Unternehmer geschrieben, der keine musikalische Ausbildung hat. Er engagiert sich im Lobpreisteam seiner Gemeinde und hat irgendwann dieses Lied geschrieben und es uns eingereicht. Es ist einfach und er konnte keine Noten dazu schreiben, aber wir haben es dennoch in* Feiert Jesus! *aufgenommen. Heute gehört es mit zu den meistgesungenen Liedern in Deutschland.«* Gerhard Schnitter gibt mir das Manuskript – das Lied heißt: »Herr, im Glanz deiner Majestät«. *»Was ich damit sagen will«*, erklärt Gerhard Schnitter, *»ist, dass die besten Lieder eben doch einfach ein Geschenk sind. Uwe Peters, dieser Unternehmer, hat in meinen Augen nie wieder ein solch herausragend gutes Lied geschrieben, aber dieses besondere Lied ist ihm damals von Gott geschenkt worden.«*

Gerhard Schnitter hat Recht: Wer Lieder für Gott schreibt, sollte immer darauf vorbereitet sein und erwarten, dass Gott selbst uns Lieder schenkt. Lieder, die Menschen berühren und zu Bausteinen ihrer Geschichte mit Gott werden. Im folgenden Kapitel erzählen Menschen von den Erfahrungen, die sie mit Liedern aus *Feiert Jesus!* gemacht haben.

Er hat gut lachen: Johannes Falk freut sich nach getaner Arbeit.

5. Geschichten rund um Feiert Jesus!

Die Entstehung von *Feiert Jesus!* lag in den Händen der Komponisten und Texter, Musiker und Sänger, der Verbände und Liedkommission sowie vieler weiterer Helfer, die an die Idee glaubten und zur Umsetzung beitrugen. Doch natürlich hätte all das niemals zu dieser unglaublichen Entwicklung geführt, wenn nicht unzählige Menschen Liederbücher und CDs buchstäblich zum Leben erweckt hätten. Ob als Sänger, Musiker oder einfach Hörer, ob im Gottesdienst oder Hauskreis – für Tausende wurde *Feiert Jesus!* zu einer Quelle für neue Anbetungs- und Lobpreismusik und christliche Lieder. So ist es kein Wunder, dass viele von ihnen besondere Erlebnisse im Zusammenhang mit *Feiert Jesus!* gehabt haben: persönliche Erfahrungen, ganz bestimmte Ereignisse oder auch Gefühle. Mancher bringt eine konkrete Veranstaltung, einen speziellen Gottesdienst mit *Feiert Jesus!* in Verbindung. Andere wissen um Ereignisse, die ihr Leben beeinflusst haben und mit einem bestimmten Lied aus *Feiert Jesus!* zu tun haben. Und dann gibt es Lieder, die im richtigen Moment Mut gemacht haben, neue Hoffnung gaben oder Trost spendeten. Dieses Kapitel ist all den Menschen gewidmet, für die *Feiert Jesus!* einen oder einige besondere Momente im Leben bereitgehalten hat. Einer von ihnen ist Detlef Eigenbrodt.

Er war auch an der Auswahl der Songs für das Liederbuch beteiligt. Doch nicht nur beruflich, sondern auch persönlich haben ihn die Lieder berührt.

Singen ist Silber, Handeln ist Gold!

Es ist schon einige Jahre her. Ich war zu Gast an Bord des Missionsschiffs *Doulos*, das von Südafrika nach Mauritius fahren sollte. Meine zukünftige und gegenwärtige Frau ist mit bei der Besatzung, die aus über 40 Nationen besteht. Das war schon was Besonderes: Christen aus so vielen verschiedenen Ländern und Kirchen und Gemeinden und Hintergründen und Familien – und alle waren hier zusammen als eine neue Familie. Vereint durch Jesus. Und den feierten sie. Aber richtig!

Irgendwie prägte sich mir dann auch ein Lied ins Gedächtnis. Es wurde immer wieder gesungen. Auf Englisch oder Deutsch, egal, das spielte und spielt keine Rolle: Feiert Jesus! Was aber schwerer wiegt als die Erinnerung an den gemeinsamen Gesang, ist das gemeinsame Handeln. Ich war zwar damals kein Besatzungsmitglied, gehörte aber dennoch dazu. Als externer Interner sozusagen. Das gab mir eine gewisse Beobachtungsposition. Und ich konnte deutlich sehen: Die, die da sangen, waren auch die, die da taten. Bis zu 10.000 Menschen kamen täglich an Bord, um das Schiff und seine Veranstaltungen zu besuchen. Da kann einem schon mal der oberflächlich fröhliche Lobpreis im Hals stecken bleiben. Aber sie sangen weiter. Und sie taten, was sie sangen. Jesus feiern!

Einige Zeit später dann sitze ich mit vielen anderen in einem Konferenzraum in Holzgerlingen. Wieder sind es viele, wieder aus ganz unterschiedlichen Hintergründen. Wenn diesmal auch fast alle deutsch sind. Die Redaktion zu einer weiteren Ausgabe von *Feiert Jesus!* hatte uns zusammengeführt und mit viel Liebe zum Detail brachte jeder seine Best-Of-Auswahl der neu aufzunehmenden Titel mit und versuchte die anderen zu überzeugen. Ein spannendes Treiben. Am Ende ging ich mit einigen Übersetzungsaufträgen in der Tasche wieder heim.

Und da saß ich dann. Daheim. Auf dem Sofa, den Computer auf den Knien, Liedblätter neben mir, vor mir, um mich herum. Nebenan ein oder auch zwei schreiende Kinder. In allem Trubel spüre ich: Das Leben ist schön. Feiert Jesus! Herr – ich komme zu dir …

Ich tauche in den Text ein, höre das Lied mehrmals, lasse es auf mich wirken. Ja, Herr, ich komme. Ich will in deine Nähe. Will hören, will spüren, will leben. Und ich will, dass du mich veränderst. Will, dass das Alte vergeht und Neues entsteht. Will, dass die Schwachheit durch göttliche Kraft ersetzt wird; will spüren, wie sich deine starken, liebevollen Arme um mich legen und mich halten. Ganz fest.

Die Unruhe verfliegt. Die Geräusche werden weniger und Stille umgibt mich. Oder kommt mir das nur so vor? Ist es gar nicht wirklich stiller geworden, aber der Fokus meiner Konzentration hat sich geändert? Meine Wahrnehmung? Mein Hinhören und Hinschauen? Feiert Jesus. Im Alltag. Auch wenn tausende von Menschen um mich herum sind. Auch wenn Kinder schreien. Wenn Termine drücken. Wenn die Last drückt. Wenn ich denke, nicht recht, nicht gut, nicht gut genug zu sein. Jesus feiern, auch dann, oder vielleicht gerade und vor allem dann, wenn ich denke, dass es eigentlich nichts zu feiern gibt. Geht das? Ja – es geht. Herr, ich komme zu dir!

Detlef Eigenbrodt
Partner Relations Director OM Deutschland

Intensive Emotionen — ansteckend …

Ich war schon eine Zeit lang als Jugendreferent beim Christlichen Jugendbund Bayern (cjb) angestellt. Einer meiner Schwerpunkte war, die einzelnen Teenager- und Jugendkreise des cjb zu besuchen. Der cjb erstreckt sich über ganz Bayern von Waldkraiburg bis nach Naila. Eines Tages bekam ich eine Einladung von einem

Jugendkreis in der Nähe der tschechischen Grenze. Allein schon die Fahrt an den Rand von Bayern war ein Erlebnis – immer, wenn ich dachte, ich wäre da, dauerte es noch eine halbe Stunde. Die Dunkelheit erschwerte die Fahrt. Für den Abend war auch eine Anbetungszeit mit dem neuen Liederbuch *Feiert Jesus!* vorgesehen. Auch für mich war es neu, denn viele Lieder kannte ich noch nicht und ich hatte bis dahin noch nie musikalische Überleitungen zwischen den Liedern gemacht. Schließlich fand ich den cjb-Jugendkreis, der mich eingeladen hatte. Die Lieder hatte ich vorsorglich kopiert, damit ich sie auch ohne großes Blättern direkt hintereinander spielen konnte. Doch als ich meine Sachen aus dem Auto auspackte, geriet mein linker Zeigefinger in den Kofferraumdeckel, ein stechender Schmerz durchzog meinen Körper. Der Finger zeigte bald eine kleine Schwellung.

Der Abend begann und die Jugendlichen waren voll bei der Sache. Nachdem ich mich vorgestellt hatte, beschäftigten wir uns mit der Bibel und unterhielten uns angeregt über das Reich Gottes und den Glauben an Jesus Christus. Nun sollte der Gebetsteil des Abends beginnen. Ich packte meine Gitarre aus – während mein linker Zeigefinger rot und geschwollen war und ich kaum imstande war, die Akkorde zu spielen. Doch ich blieb dran; verzweifelt bemühte ich mich, die Akkorde sauber zu greifen. Ich umklammerte verkrampft den Gitarrenhals, und so brachte ich den ersten Teil des Lobpreises zu Ende.

Nach einer Gebetszeit begannen wir den zweiten Teil der Anbetung. Der Schmerz in meinem Finger wurde schier unerträglich, und bei Albert Freys wunderschönem Lied »Du hast Erbarmen« konnte ich die Tränen nicht mehr zurückhalten – sie liefen mir über die Wangen. Es dauerte ungewöhnlich lange bis zur letzten Gebetsrunde und dem Ende unserer Anbetungszeit. Und – war es ein Wunder? – inzwischen weinte fast der ganze Jugendkreis mit mir zusammen. Für mich war es eine bleibende Erinnerung – und bei unserem nächsten Pfingstjugendtreffen in Puschendorf (dann wieder ohne Verband am Finger ...) erfuhr ich, dass es den Jugendlichen ähnlich gegangen war.

Für mich hat die Reaktion dieser Jugendlichen etwas Geheimnisvolles: Ich war schließlich nicht von der Anbetung und Gottesbegegnung, sondern schlicht von Schmerz und Verzweiflung zu Tränen getrieben gewesen. Und ich bin sicher, dass ich mit unverletztem Finger besser gespielt hätte. Ebenso sicher bin ich aber, dass die Erfahrung für die Jugendlichen ohne mein Handicap nicht so intensiv gewesen wäre.

Johannes Drechsler

Verliebt, verlobt ...

Es war im Mai 2002, ich war bereits zum vierten Mal im *Feiert Jesus!*-Chor dabei. Bisher gab es »keine besonderen Vorkommnisse«. Doch mit der Aufnahme von Folge 8 in Heidelberg sollte alles anders werden ...

Der Chor, wie immer gut gemischt aus allen Ecken Deutschlands, traf sich zum ersten Mal zur Besprechung und zum Kennenlernen der Lieder. Während einer kurzen Konzentrationslücke schweifte mein Blick von der hinteren Reihe (wo ich im Tenor sang) an den verschiedenen Teilnehmern vorbei. Wer ist denn bloß diese hübsche Frau mit den kurzen blonden Haaren da vorne? Irgendwie bekam ich plötzlich immer mehr Konzentrationslücken und musste mein Notenblatt sehr hoch halten, damit ich noch singen konnte und gleichzeitig ja keine Bewegung von ihr verpasste. Ob sie sich wohl mal nach hinten umdreht? Bis jetzt waren nur Seitenblicke drin ...

Ins Gespräch kamen wir irgendwie nicht und es wäre denn doch zu auffällig gewesen, wenn ich mich zu den Frauenstimmen gestellt hätte! Zu Proben gab es viel, so blieben mir nur die gemeinsamen Mahlzeiten, um ihr näher zu kommen. Tatsächlich gelang es mir

– ohne Anwendung von Gewalt! –, einen Sitzplatz neben Andrea, meiner »Verliebtheit«, zu ergattern. Da saß ich nun und konnte ihr meine ganze Freundlichkeit und Hilfsbereitschaft mitteilen. Aller Anfang ist schwer ...

Gegen Ende der Aufnahmen fuhren fast alle noch in die Heidelberger Innenstadt, um gemeinsam essen zu gehen. Hier war also meine große Gelegenheit, die Kommunikation zwischen uns deutlich zu intensivieren! Und tatsächlich, Andrea war auch mit dabei und ich erwischte einen Platz direkt ihr gegenüber. Das war wichtig! Wir kamen ganz gut ins Gespräch, doch ich merkte plötzlich, dass auch mein Nachbar sich für unsere Unterhaltung interessierte! Doch so kurz vor der Abreise wollte ich doch wissen, woran ich bei ihr bin. Glücklicherweise sahen Andreas Augen mehr in meine als in die meines Nachbarn. Irgendetwas kribbelte in meinem Bauch ...

Dann kam die Abreise und alles ging viel zu schnell. Hatten die Aufnahmen nicht gerade erst begonnen?! Andrea fuhr gemeinsam mit ihrer Freundin Myriam nach Lörrach und ich machte mich auf den Heimweg nach Heubach. Was nun? Da die Aufnahmen wie immer gut organisiert waren, gab es Teilnehmerlisten und – jippie! – auch die passende Telefonnummer aus Lörrach! Ich nahm zu Hause also meinen Mut zusammen und dachte mir, ich kann ja mal fragen, wie die Rückfahrt so gelaufen war ... Sie war – wie unser Telefonat – gut verlaufen, und spätestens jetzt sollte Andrea mein Interesse an ihr erkannt haben!

Nach stundenlangen Telefonaten, unzähligen dreieinhalbstündigen Autofahrten zu gegenseitigen Besuchen, Gebeten und Gesprächen haben wir uns befreundet und im März 2004 mit Unterstützung eines Schlauchbootes verlobt. Im Oktober 2005 haben wir dann geheiratet und wohnen nun in Lörrach. Feiert Jesus!

Simon Reith und Andrea Reith, geb. Lenz

Simon und Andrea Reith sind von Gott besonders beschenkt worden. Das junge Paar lernte sich bei *Feiert Jesus!* kennen.

Reden ohne Ende

Etwa zwei Wochen vor den Aufnahmen zu *Feiert Jesus! 8* (2002) erreichte mich ein Anruf aus Heidelberg: »Hallo, hier ist Kerstin. Du sollst nächste Woche bei mir schlafen und ich wollte nur wissen, ob du gegen Katzen allergisch bist.« »Ja, das bin ich.« »Okay, kein Problem, dann müssen wir was umplanen. Bis nächste Woche dann!« Ein paar Tage später erhielt ich eine E-Mail von Anja, dass ich bei ihr übernachten würde. Prima, dachte ich, wir vereinbarten, dass ich meine Decke und mein Kissen mitbringe. Ich besorgte ein kleines Gastgeschenk und machte mich ein paar Tage später fröhlich auf nach Heidelberg zu meiner zweiten Teilnahme bei *Feiert Jesus!*.

Dort angekommen, gab es die üblichen Begrüßungsrituale derjenigen, die sich noch von den letzten Aufnahmen kannten. Und dann kam jemand auf mich zu und sagte: »Du musst Sylke sein! Ich bin Anja, und du schläfst heute bei mir.« Nach dem Abendprogramm fuhren wir also zu Anja. Vor ihrem Haus fingen wir beim Ausladen meiner Utensilien an, zu quatschen – und haben eigentlich bis 2.00 Uhr morgens nicht mehr aufgehört. Schließlich haben wir uns gegenseitig gezwungen, die Klappe zu halten, weil ja um 7.30 Uhr schon wieder Frühstück angesagt war. Direkt nach dem Aufstehen ging unser Gequassel weiter, und es hat dann auch bis Sonntagnachmittag nicht mehr aufgehört. Wir konnten einfach direkt über alles reden und die andere hat es sofort verstanden.

Mittlerweile habe ich noch bei zwei weiteren Aufnahmen und anderen Gelegenheiten bei Anja übernachtet, habe ihre Hochzeit mitgefeiert, kann mit ihr Extrem-Basteln – und immer, wenn ich jemanden zum Quatschen, Ausheulen oder Zuhören brauche, ist sie für mich da.

Sylke

ALLES WEGEN OSKAR ...

Es ist schon eine ganze Weile her, da fragte mich Kerstin, ob ich vielleicht noch einen Übernachtungsgast für die Aufnahmen von *Feiert Jesus!* 8 hier in Heidelberg bei mir unterbringen könnte. Kerstin hat damals die Übernachtungsplätze organisiert – Oskar ist ihr Kater. Sie hatte Sylke bei sich eingeplant, dann aber sicherheitshalber bei ihr nachgefragt, ob sie allergisch gegen Tiere sei. Kerstin hat nämlich auch noch einen Hund und ein paar Schildkröten. Tatsächlich war Sylke allergisch und da ich selbst eine Katzenallergie habe und ebenfalls im Chor mitsang, hoffte Kerstin, dass ich die Lösung des Problems sein könnte ...

Klar war ich bereit, sofern mein Sofa im Wohnzimmer reichen würde und der Übernachtungsgast selbst Bettzeug mitbringen könnte. So kam es dann, dass ich Sylke während des ersten Probentages auf meine kleine Wohnung und den Schlafplatz unter dem Dachfenster vorbereitete. Aus dem Sofa wurde während dieser CD-Produktion allerdings nur sehr selten ein »Schlafplatz«: Wir saßen in der ersten Nacht stundenlang unterm Dachfenster und verfingen uns im Netz von 1.000 Themen, konnten gar nicht aufhören, da uns jeweils ein Thema zum nächsten brachte, und wir konnten nicht einfach irgendwo abbrechen. Erst, als wir zufällig feststellten, dass alle unsere Uhren wohl nicht stimmten, weil wir unmöglich so lange gequatscht haben konnten, ging ich einfach ins Bett und machte die Tür zu. Sonst hätten wir wohl übers »Gute Nacht«-Sagen wieder neue Themen gefunden.

Der nächste Morgen war eher mühsam. Und eigentlich bin ich auch ein echter Langschläfer und Morgenmuffel. Trotzdem quälte ich mich aus dem Bett unter die Dusche. Kaum waren wir beide fertig und auf dem Weg zum Auto, hatten wir auch schon wieder neuen Gesprächsstoff. Zum Glück waren wir während der Proben in unterschiedlichen Stimmen und mussten uns auch mal auf etwas anderes konzentrieren! Für den Abend nahmen wir uns fest vor, dass wir einfach gleich ins Bett gehen und gar nicht reden würden. Netter Plan, aber funktioniert hat er nicht! So wurde denn am Tag die CD aufgenommen und in den Nächten über alle Themen der Welt geredet.

Es gab noch die eine oder andere CD-Produktion und andere Aktionen, für die Sylke bei mir Unterschlupf fand. Seither mailen wir uns regelmäßig und treffen uns auch häufiger mal, um für alle Lebenslagen füreinander da zu sein.

Anja

6. »Meine Lieder« — eine persönliche Auswahl von Mitwirkenden

Die schönsten oder wichtigsten oder ... Lieder aus den drei *Feiert Jesus!*-Büchern zu bestimmen, ist unmöglich. Mehr als 750 Lieder haben ihren Weg in Band 1 bis 3 gefunden. Welche davon nun am meisten Menschen angesprochen haben, für Einzelne eine besondere Bedeutung haben oder in bestimmten Gemeinden am häufigsten gesungen werden, all das lässt sich kaum verbindlich feststellen. Sicherlich, der Hänssler Verlag wäre in der Lage, eine Reihenfolge der am häufigsten angefragten Titel zu erstellen. Doch daraus ließe sich lediglich ablesen, in wie vielen Gemeinden dieses oder jenes Lied zum Repertoire gehört.

Viel interessanter ist es dagegen, von einzelnen Menschen zu hören, welche Lieder für sie eine herausragende Rolle spielen. Dahinter verbergen sich manchmal Geschichten, die die Lieder auch für andere in einen neuen Zusammenhang rücken, ihnen eine tiefere Bedeutung zukommen lassen können.

»Du hast mich errettet« (Feiert Jesus! 2, Nr. 90)

Eines der Lieder mit einer besonderen Geschichte stammt von Evie Sturm: »Du hast mich errettet«. Evie hat dieses Lied in einem Moment besonderer Dankbarkeit geschrieben: »*Als ich mit unserem zweiten Kind schwanger war, gab es den Verdacht auf eine Behinderung. Außerdem war mir ständig extrem übel, und zwar bis zur Geburt. Beides zusammen war für mich eine extreme Belastung. Als unser Sohn Marty dann allerdings kerngesund auf die*

Welt kam und die Übelkeit mit einem Schlag vorbei war, ist dieses Lied mit dem Grundgefühl der zurückkehrenden Lebenskraft und Dankbarkeit gegenüber Gott geradezu aus mir ›herausgesprudelt‹. Da spielten Songwriting oder technische Überlegungen eine eher untergeordnete Rolle«, erzählt Evie Sturm.

DU HAST MICH ERRETTET[3]

Du hast mich errettet, erneuert Stück um Stück.
Jesus, ich danke dir wieder neu.
Du hast mir geholfen, die Freude kehrt zurück,
auch in der größten Not bleibst du mir treu.

1. *Du hast zu mir gehalten, als nichts mehr sicher schien.*
Dein Ohr war nah an meinem Herzen, ich hab zu dir geschrien.
Du hast mich stets begleitet, botst deine Hand mir dar.
Selbst als mir Worte fehlten, nahmst du mein Rufen wahr.

Du hast mich errettet …

2. *Du hast mich durchgetragen, mir neuen Mut geschenkt*
und meine zögerlichen Schritte auf festen Grund gelenkt,
Vertrauen immer wieder gesät in mich hinein.
Auch in den schwersten Zeiten war ich niemals allein.

Du hast mich errettet …
… bleibst du mir treu.

»Tief in mir« (Feiert Jesus! 2, Nr. 176)

Ein weiteres Lied stammt von Lukas Di Nunzio selbst und es behandelt ein Thema, das gerade christliche Musiker und Künstler betrifft: »*Es ist vielleicht etwas ungewöhnlich, hier ein ›eigenes‹ Lied zu nennen. Aber kein Problem, das ist ein Lied, das Gott inspirierte, von daher ist es nicht mein Lied. Ich weiß, dass in diesem Lied der tiefe Wunsch jedes Christen ausgedrückt wird, ganz nah am Herzen Gottes zu sein. Jedoch ziehen uns unser Wesen, Versuchungen und vieles andere oft wieder weit weg. Als ich in einer Glaubens- und Lebenskrise steckte, hörte ich irgendwann ›durch Zufall‹ dieses Lied und merkte, wie Gott selbst zu mir redete und mir mit sanfter Stimme sagte: ›Lukas, wenn das dein Wunsch ist, nah bei mir zu sein, dann gibt es keine Sünde, die du begangen hast; keinen Menschen, den du verletzt hast; keine Verletzung, die du dir selbst zugefügt hast, die mich (Jesus) davon abhält, wieder in dein Leben, dein Herz einzuziehen und die Sehnsucht in dir zu stillen. Lass los, was dich hält, und nimm meine Vergebung an ...‹*

Das klingt vielleicht für manch einen merkwürdig, aber christliche Musiker sind keine Superhelden, sondern vielleicht sogar besonders anfällig für Versuchungen, fürs ›Fallen‹ ... Bitte betet für die christlichen Musiker und Comedians ...«

»Anker in der Zeit« (Feiert Jesus! 2, Nr. 6)

Lukas Di Nunzio hat selbst eine ganze Reihe Lieder geschrieben, die in vielen Liederbüchern veröffentlicht wurden, und so fällt es ihm nicht leicht, Lieder zu nennen, die für ihn außergewöhnlich sind: »*Zunächst einmal gibt es so viele Lieder, die mir etwas bedeuten, weil sie mein Herz anrühren, weil sie meine Seele zu Gott entführen, weil sie mich weich machen, obwohl ich oft gegenüber mir selbst und anderen sehr hart bin, und wo ich merke: Hier redet Gott in einer besonderen Dimension zu mir. Aber zwei Lieder möchte ich besonders herausgreifen. Das ist zunächst das Lied ‚Anker in der Zeit'.*

In diesem Lied wird sehr deutlich, dass es für Gott nichts Unmögliches gibt. Vergebung ist das Wesen Gottes und wer diese Vergebung annimmt, stellt fest, dass alles andere nebensächlich wird und Jesus selbst das ›Zentrum der Geschichte‹ ist – der Weltgeschichte oder der persönlichen Geschichte. Ich habe eine sehr schwierige Zeit hinter mir, die eine Glaubenskrise sondergleichen beinhaltete – dieser Song hat mich wieder nah an das Herz Gottes gebracht. Ich bin dankbar für die göttliche Inspiration, die Albert Frey bei der Entstehung dieses Liedes beflügelt haben muss.«

ANKER IN DER ZEIT[4]

1. Es gibt bedingungslose Liebe,
die alles trägt und nie vergeht,
und unerschütterliche Hoffnung,
die jeden Test der Zeit besteht.
Es gibt ein Licht, das uns den Weg weist,
auch wenn wir jetzt nicht alles sehn.
Es gibt Gewissheit unsres Glaubens,
auch wenn wir manches nicht verstehn.

2. Es gibt Versöhnung selbst für Feinde
und echten Frieden nach dem Streit,
Vergebung für die schlimmsten Sünden,
ein neuer Anfang jederzeit.
Es gibt ein ew'ges Reich des Friedens.
In unsrer Mitte lebt es schon:
ein Stück vom Himmel hier auf Erden
in Jesus Christus, Gottes Sohn.

> Er ist das Zentrum der Geschichte,
> er ist der Anker in der Zeit.
> Er ist der Ursprung allen Lebens
> und unser Ziel in Ewigkeit,
> und unser Ziel in Ewigkeit.

3. Es gibt die wunderbare Heilung,
die letzte Rettung in der Not.
Und es gibt Trost in Schmerz und Leiden,
ewiges Leben nach dem Tod.
Es gibt Gerechtigkeit für alle,
für unsre Treue ew'gen Lohn.
Es gibt ein Hochzeitsmahl für immer
mit Jesus Christus, Gottes Sohn.

> Er ist das Zentrum der Geschichte, ...

Mathias Grimske, Keyboarder der Band »Phasn« und Mitglied im EC-Musikausschuss, war Teil der Kommission für das Liederbuch *Feiert Jesus! 3* und erzählt hier die Geschichten zu drei besonderen Liedern.

»Ich knie vor dir, Herr«
(Wie ausgedörrte Erde, Feiert Jesus! 2, Nr. 152)

Eines der ersten Lieder, das Albert Frey zu seinen Lieblingsliedern zählt, hat er vor allem aus inhaltlichen Gründen ausgewählt: »Ich knie vor dir, Herr«. Albert beschreibt, warum: *»Ich mag Lieder, in denen es nicht nur um Lob und Dank geht, sondern die auch nachdenklich sind. Dieses Lied hat so schöne Metaphern. Gerade die ersten Zeilen: ›Wie ausgedörrte Erde, die den Regen trinkt, der auf sie fällt, in ihr versinkt. Wie die einsam kalte Nacht, die das Licht umarmt, wenn es früh erwacht, sich ihrer erbarmt.‹ Darin steckt so ein Verlangen, so ein Schrei nach Gott.«*

»That's why we praise him«
(Feiert Jesus! 3, Nr. 207)

»Es war im letzten Jahr beim EC-Kongress ›Ich glaub's‹ in Kassel, bei dem ich spontan als Keyboarder eingesprungen bin. Neben vielen anderen Liedern stand auch ›That's why we praise him‹ auf dem Programm für die Tagung. Ich hatte es vorab noch nie gehört. Noch vom Stau gestresst und ohne mir viel Gedanken zu dem Lied zu machen, wurde es dann kurz beim Soundcheck angespielt und meine erste Reaktion war: ›Hey, schönes Lied, das rockt ja!‹

Aber beim einfachen Rocken sollte es nicht bleiben! Dieses Lied nennt in seinen zwei kurzen Strophen den Grund für unseren Lobpreis. Den Grund, warum wir Jesus feiern und ihm alles geben sollen und können, denn er hat alles für uns gegeben! Das ist mir bei diesem Lied neu aufgegangen. Also: Feiert Jesus!

»Majesty« (Feiert Jesus! 3, Nr. 1)

»*Es gibt Tage, an denen fehlen mir die Worte oder der Glaube, das auszusprechen, was ich eigentlich aussprechen will. Das zu sagen, was ich gerne vor Gott bringen möchte. Oder es ist schlicht der Alltagsstress, der mich turbulent umgibt und in dem mir die Worte und die Ruhe für ein ehrliches Gebet fehlen.*

Aber dann hilft ein gesungenes Wort, ein Text, der in Ruhe das auszusprechen vermag, was man selber gerade nicht so formulieren kann.

Mit diesem Lied kann ich in Demut vor Gott stehen und bekennen, dass ich seine Gnade brauche und weiß, dass er mich annimmt. Ich weiß, dass Gott sein Opfer für mich gebracht hat und dass ich leer – wie ich bin – aus seiner Hand leben darf! Dieses Lied ist für mich ein Ausdruck tiefer Anbetung.«

»My Glorious« (Feiert Jesus! 3 / Nr. 29)

»*Dieses Lied ist für mich der absolute Hammer schlechthin und spätestens seit dem Willow-Creek-Jugendkongress in Karlsruhe bekomme ich es nicht mehr aus dem Kopf. Es war packend, dort dabei zu sein und zu erleben, wie rund 5.000 Leute stehend singen: ›We believe that God is bigger than the air I breathe, the world we'll leave. God will save the day and all will say my glorious!‹* *

Egal ob dieser Song von ›Delirious?‹ auf dem heimischen DVD-Player via Kopfhörer direkt in alle Sinnesnerven implantiert wird oder ob ich es selber spielen darf, es macht einfach Lust auf den ›ewigen Lobpreis‹ ...«

---

* »Leute, wir glauben, dass Gott wichtiger ist als die Luft zum Atmen und größer ist als diese Welt, die wir wieder verlassen werden. Gott wird alles gut machen und alle werden sagen: Mein Herrlicher!« (Freie Übertragung)

Dieses Lied liegt Alexander Lucas besonders am Herzen:

»Herrlicher Gott, liebender Retter« (Des Töpfers Hand/The Potters Hand, Feiert Jesus! 2, Nr. 198)

»Wenn ich das Lied ›Herrlicher Gott, liebender Retter‹ höre, wird mir immer ganz warm ums Herz ... Es ist ein wunderschöner Song, ein Hingabegebet, in dem die australische Lobpreisleiterin Darlene Zschech (und Daniel Jakobi durch seine Übersetzung ins Deutsche) in Worte fasst, was ich Gott gegenüber ausdrücken will. Gott die Ehre geben, sich ihm ganz hingeben und zur Verfügung stellen – das beinhaltet der Text und mündet in die Aufforderung: ›Rufe mich, führe mich, leite mich und begleite mich. Ich lege mich ganz in des Töpfers Hand.‹ Zugegeben: Den Vergleich mit dem Töpfer fand ich anfangs etwas befremdlich. Doch wenn man sich dieses Bild einmal genau vorstellt, passt es. Ein Klumpen, auf der Töpferscheibe manchmal etwas schwer zu zähmen, aber in den Händen eines Meisters schon bald ein wunderschönes und einmaliges Objekt, ein Unikat. So hat Gott uns geschaffen und so arbeitet er auch weiterhin an uns, wenn wir ihn darum bitten (siehe auch Jeremia 18).

Die Aufnahme dieses Liedes auf Feiert Jesus! 8 (2002) *ist für mich auch etwas ganz Besonderes. Zum einen war sie die erste CD, die wir in den Räumen meiner Gemeinde, der Freien evangelischen Gemeinde Heidelberg, aufgenommen haben. Dieses Experiment, das aus der Not geboren war, hat sich mittlerweile bewährt. Zum anderen war es die letzte Aufnahme, bei der Bernd-Martin Müller mitwirkte, der bei diesem Lied auch das Solo sang und dann ja im Oktober 2003 an einer Krebserkrankung starb. Er hatte seit der Produktion der vierten CD die Vokalarrangements für Chor und Backings geschrieben und sie den Sängern in seiner mitreißenden Art beigebracht. Bernd-Martin prägte die Stimmung während der*

Aufnahmen, motivierte in schwierigen Momenten und war eine tragende Säule der Produktionen. Die Liedzeile: ›All meine Tage sind in deiner Hand, kunstvoll erdacht, perfekt geplant‹ beschreibt im Nachhinein aus seinem Mund sehr eindrücklich, dass Gott der Planer, der Schöpfer und der Töpfer unseres Lebens ist und dass wir es nicht in der Hand haben.«

»Herrlicher Gott, liebender Retter[5]«

*Herrlicher Gott, liebender Retter,
ich weiß genau, all meine Tage
sind in deiner Hand,
kunstvoll erdacht, perfekt geplant.*

*Du rufst mich freundlich,
ziehst mich zu dir hin.
Durch deinen Geist führst du mich, Jesus.
Lehre mich, Herr, mein Leben zu sehn, wie du es siehst.*

*Mit heiligem Ruf bin ich berufen.
Hier bin ich, Herr. Ich weiß mich gezogen
nah an dein Herz. Führe mich, mein Gott.*

*Nimm mich, forme mich, fülle und gebrauche mich.
Ich lege mich ganz in des Töpfers Hand.
Rufe mich, führe mich, leite mich und begleite mich.
Ich lege mich ganz in des Töpfers Hand.*

Es gibt natürlich eine ganze Reihe weiterer Lieder von *Feiert Jesus!*, die hier Erwähnung finden könnten – jeder Sänger und

Musiker hat Lieder, mit denen bestimmte Geschichten und Eindrücke verbunden sind. *Feiert Jesus!* bietet inhaltlich eine große Vielfalt. Auch musikalisch ist diese Liederbuchreihe weit mehr als »nur« *Praise & Worship* – dennoch wird *Feiert Jesus!* am stärksten mit diesem musikalischen Genre in Verbindung gebracht. In den Liederbüchern und auf den CDs finden sich Lieder unterschiedlicher Stile. Doch selbst wenn man heute zwischen christlichem Pop und Rock und Lobpreis und Anbetungsmusik unterscheidet, diese Musikstile haben eine gemeinsame Geschichte ...

Ulis Gitarrenladen: »Hier nur die wirklich wichtigsten Gitarren.«

7. Von Martin Luther bis Popmusik — christliche Musik im Wandel der Zeit

Wer verstehen will, warum bestimmte Musikstile häufiger in *Feiert Jesus!* vorkommen als andere, der muss sich auf die Suche machen, wo die Wurzeln der heutigen Lobpreismusik liegen. So will ich hier einen kurzen Überblick über die Geschichte und Entwicklung der christlichen Musik geben. Schließlich ist auch *Feiert Jesus!* ein Kind des Wandels, was zum Beispiel die musikalischen Ausdrucksformen der letzten 30 Jahre angeht.

Auch wenn viele nach wie vor die Vorstellung im Kopf haben, dass es in der Kirche fast nur alte oder unzeitgemäße Musik gibt, muss man sachlich feststellen, dass dies nicht immer der Fall war: Über die Jahrhunderte haben sich die Kirchen, allen voran die des Reformators Martin Luther (1483–1546), immer wieder zeitgenössischer und volksnaher Musikstile bedient. Vieles von dem, was uns heute antiquiert erscheinen mag, war zur Zeit der Einführung in den Gottesdienst durchaus angesagt und populär.

Der Ursprung für die Verwendung zeitgenössischer Stile in der Kirchenmusik liegt interessanterweise direkt vor der Reformation. Zuvor hatte Papst Johannes XII. (937 oder 939–964) verfügt, dass der von Papst Gregor I. (um 540–604) eingeführte einstimmige Gesang, die sogenannte Gregorianik, als fest bestehende Musikform der Kirche einzuhalten sei. Somit war die Gregorianik im 16. Jahrhundert, der Zeit der Reformation, bereits mehr als 900 Jahre in Gebrauch – und das immer noch in Latein. Das einfache Volk, zumeist Bauern und Händler, konnte mit Latein allerdings kaum etwas anfangen. Während also in Wittenberg der Mönch Martin Luther mit seinen Zweifeln und seinem inneren Widerstand gegen die römisch-katholischen Ausschweifungen rang, begann das

Volk, die Kirchenmusik allmählich selbst in die Hand zu nehmen: Man fing einfach an, christliche Texte in deutscher Sprache auf die Melodien beliebter Volksweisen zu singen. Wie zu erwarten war, wurde dies von den Kirchenoberen mit Skepsis und Ablehnung beobachtet. Doch erreichten die Menschen damit, was die gregorianischen Choräle nicht vermochten: Die christliche Botschaft verbreitete sich mit beeindruckender Intensität auf den Marktplätzen und in den Gasthäusern. Dies war ein wichtiger Nährboden für die bevorstehende Reformation. Martin Luther übernahm diese Form der Verbreitung der christlichen Botschaft später und schrieb selbst Texte auf bekannte Melodien. Deren durchschlagender Erfolg veranlasste den Jesuit Adam Conzenius zu der Bemerkung: »Luthers Lieder haben mehr Seelen zerstört als seine Schriften und Reden.«[6]

Die Strassenmusik in der Kirche

Doch nach der Reformation schuf auch die lutherische Kirche Regeln und begann, die neuen musikalischen Formen zu standardisieren. Es wurde festgelegt, wie reformatorisches Liedgut geschrieben sein musste und klingen sollte. Der vom französischen Hofdichter Clément Marot (1496–1544) entwickelte Stil, Psalmen in Versform zu bringen und diese mit populären französischen Melodien zu unterlegen, sorgte dafür, dass sie in ganz Frankreich gesungen wurden und die Grundlage für die berühmte Sammlung des hugenottischen Psalters bildeten. Lange orientierte man sich in der Kirchenmusik am metrischen Psalm.

Erst das 18. Jahrhundert stellte diese Festlegung in Frage. Man orientierte sich erneut an populären Musikstilen und verwendete wieder volksnahe Melodien. Einer der eifrigsten Protagonisten dieser Entwicklung war Charles Wesley (1707–1788), einer der Begründer des Methodismus. Er war ein begabter Prediger,

Auch ein Klavier lässt sich wie eine Gitarre spielen: Florian Sitzmann experimentiert am Flügel.

aber sein besonderer Beitrag waren seine Lieder, in denen er die methodistische Theologie, Bibeltexte und Gebete in einprägsame Formen brachte. Er hat über 6.000 Lieder getextet und komponiert. Steve Miller schreibt über ihn: Wesley »*übernahm neue Melodien aus der Volksoper und von englischen Volksliedern ... Die Verwendung von Händels Musik forderte den Vorwurf der Weltlichkeit heraus, aber Wesley hatte keine Schwierigkeiten damit, Geistliches mit Weltlichem zu verbinden, wenn die Melodien die biblische Botschaft weitertragen sollten. Wesley stürzte sich auf jedes Lied aus dem Theater oder von den Straßen, sobald es beliebt wurde, und sorgte dafür, dass es einen neuen geistlichen Text in die Heime der Menschen trug ...*« [7]

Während der zweiten großen Erweckung in den USA (etwa 1799 bis zum Beginn des 19. Jahrhunderts) begann eine Entwicklung, die noch heute in vielen modernen Lobpreisliedern zu finden ist: Man fing an, die Texte zu vereinfachen und wiederkehrende Refrains einzufügen. Eine weitere Methode überdauerte die Zeit: Die Texter neuer christlicher Lieder bedienten sich mit Vorliebe der Melodien der jeweils populären Unterhaltungsmusik. Bereits seit Beginn des 20. Jahrhunderts machten einzelne Komponisten sich daran, Blues- und Jazz-Einflüsse in ihre Kompositionen einfließen zu lassen. Ebenso wurden christliche Texte direkt auf Blues- und Jazzmelodien geschrieben.

Die Chancen des Rock'n'Roll

Doch der nächste große Schritt erfolgte erst Mitte des 20. Jahrhunderts, als der Rock 'n' Roll Millionen junger Menschen auf der ganzen Welt für sich einnahm. Eigentlich war diese Musik gar nicht neu, denn afroamerikanische Musiker hatten schon seit Ende der vierziger Jahre aus Gospel, Blues und Jazz den sogenannten »Rhythm 'n' Blues« entwickelt, der als direkter Vorreiter des Rock 'n' Roll bezeichnet werden kann. Seine Wurzeln hatte der Rock 'n' Roll im Südosten der USA, im sogenannten »Bible Belt«, dem »Bibelgürtel«, in dem besonders viele »Fromme« wohnen. Die ersten großen Protagonisten des Rock 'n' Roll waren allesamt im kirchlichen Umfeld groß geworden und standen trotz ihrer umstrittenen Musik in engem Bezug zu ihren christlichen Wurzeln. Elvis Presley besuchte als Kind viele Veranstaltungen einer Pfingstgemeinde. Später sang er auch Choräle und las vereinzelt, sogar während seiner Konzerte, kurze Bibelstellen vor. Auch Chuck Berry und Jerry Lee Lewis hatten einen starken Bezug zu ihrem kirchlichen Umfeld. Chuck Berry war ursprünglich Chorsänger in der *Antioch Baptist Church* und Jerry Lee Lewis verbrachte seine

Wurlitzer-Keyboard von Albert Frey: Lässt das Herz jedes Musikliebhabers höher schlagen.

Kindheit in der *Assembly of God Church* in Louisiana. Jerry Lee Lewis versuchte sich später sogar am Southwestern Bible Institute, flog aber bald von der Schule, nachdem er eine Boogie-Woogie-Version von »My God Is Real« gespielt hatte. Ray Charles ließ seinen Bezug zum christlichen Glauben wohl am stärksten durchscheinen. Gekonnt bediente er sich diverser Spirituals und änderte nur einzelne Worte. Sein erster großer Hit war »I've Got A Woman« und der beruhte auf dem Gospel-Titel »It Must Be Jesus«.

Nachdem die Komponisten von Kirchenliedern sich jahrhundertelang an der populären Musik ihrer Zeit orientiert hatten, war es nun umgekehrt: Die Urväter des Rhythm 'n' Blues und Rock 'n' Roll bedienten sich der Kirchenlieder ihrer Zeit. Arne Kopfermann bemerkt hierzu: »*Es ist kaum vorstellbar, wie stark der Einfluss der Kirchenmusik auf die Gesellschaft hätte sein können, wenn man die innovativen Komponisten zu einem Zeitpunkt, als sie noch zur Kirche gehörten, mitsamt ihrer musikalischen Kreativität willkommen geheißen und integriert hätte. Stattdessen wurden sie im hohen Bogen aus dem Leib Christi herauskatapultiert, indem man ihre Musik als Teufelswerk titulierte.«* [8]

Bis zu den Anfängen von »Praise & Worship« vergingen noch weitere 15 Jahre. Ende der sechziger Jahre bildete sich an der Westküste der USA erneut eine Erweckungsbewegung, die *Jesus People*. Sie konnten oder wollten sich nicht mehr mit den etablierten Kirchen identifizieren, übernahmen einen Teil der Hippie-Ideologie und versetzten sie in einen neuen Kontext: Aus der »freien Liebe« wurde beispielsweise die »freie Liebe zu Gott und den Menschen«. In ihrem Lebensstil versuchten sich die *Jesus People* am Urchristentum zu orientieren. Beeinflusst von den großen Veränderungen jener Zeit, geprägt von der Bürgerrechtsbewegung des Dr. Martin Luther King und dem Vietnamkrieg, konnten sie sich mit den »bürgerlichen« Formen von Kirche und Gemeinde nicht mehr arrangieren. Die traditionellen Gottesdienste ließen sie wenig von der realen Nähe Gottes spüren.

Um junge Menschen mit dem Evangelium von Jesus Christus zu erreichen, benutzten die *Jesus People* bewusst Musik. Der »Folk«-Stil ihrer neuen Songs hatte seinen Ursprung in der Protestbewegung. Die *Jesus-People*-Bewegung löste sich nicht nur von althergebrachten Musikstilen, sondern vom bisherigen Rahmen der Gottesdienste überhaupt. Gottesdienst fand dort statt, wo man gerade war. Eine kleine Gruppe und eine Gitarre genügten, um Gottesdienst zu feiern. Diese Erneuerung wirkt bis heute nach. Der Wunsch der *Jesus People*, dem lebendigen Gott auch im Lobpreis zu begegnen, war der Ursprung vieler freikirchlicher Entwicklungen der letzten 30 Jahre.

Eine zentrale Rolle in der *Jesus-People*-Bewegung spielte übrigens die *Calvary Chapel* in Kalifornien. Unter ihrem Pastor Chuck

Smith wurde sie zum Anlaufpunkt für viele Hippies und Jesus People. Chuck Smith setzte in seinen Gottesdiensten ganz auf zeitgenössische Folk- und Rockmusik und schuf so einen Ort für junge Menschen, die auf der Suche nach dem lebendigen Gott waren. Die *Calvary Chapel* wurde zur Basis für viele christliche Musiker und Künstler, die von hier aus mit etwa zehn Bands ihren Glauben im ganzen Land verbreiteten und Menschen für Gott erreichten. Um die Reisen und Konzerte zu finanzieren, gründete man 1971 ein Plattenlabel, damit die Musiker wenigstens ein paar Schallplatten verkaufen konnten. Ohne professionellen Vertrieb wurden von den ersten beiden Alben zusammen über 25.000 Stück verkauft ... Das Label *Maranatha Music* existiert noch heute, in enger Anbindung an die Gemeinde.

Ob Martin Luther, Charles Wesley, Folk, Rock, Pop, HipHop, Heavy Metal oder Dance – immer wieder benutzten Christen zeitgemäße Musikstile, um die christliche Botschaft zu verbreiten. In der ständigen Auseinandersetzung zwischen Aufbruch und Wandel und den späteren Versuchen, das Neue zu standardisieren, hat das gesungene Lob Gottes über 1.500 Jahre eine zentrale Rolle bei geistlichen Aufbrüchen gespielt. Oft transportierten die Loblieder die christliche Botschaft auf neuen Wegen zu den Herzen der Menschen. Und oftmals waren sie Vorreiter und erste Anzeichen bevorstehender Veränderungen.

Welche herausragende Rolle Musik und besonders Lobpreismusik für die Verbreitung des christlichen Glaubens in den letzten 50 Jahren gespielt hat, ist bisher kaum erforscht. Die unübersichtliche Zahl der christlichen Festivals, Radiosender, Musikzeitschriften, Internet-Streams oder auch die Größe der US-amerikanischen christlichen Musikindustrie (!) zeigen, dass Musik auch im 21. Jahrhundert die christliche Botschaft weiterträgt und nach wie vor eine zentrale Rolle im Gottesdienst spielt.

Die beiden folgenden Kapitel bieten denen praktische Hilfestellung, die in ihrer Gemeinde für die musikalische Gestaltung verantwortlich sind oder auch selbst Lieder schreiben.

8. Praxistipps für Lobpreisleiter

Singt miteinander Psalmen und Lobgesänge und geistliche Lieder, und in euren Herzen wird Musik sein zum Lob Gottes. Epheser 5,19

... Aber die Zeit kommt, ja sie ist schon da, in der die wahren Anbeter den Vater im Geist und in der Wahrheit anbeten. Der Vater sucht Menschen, die ihn so anbeten. Denn Gott ist Geist; deshalb müssen die, die ihn anbeten wollen, ihn im Geist und in der Wahrheit anbeten. Johannes 4,23-24

Lobpreis und Anbetung beschränken sich nicht auf Lobpreis und Anbetungslieder im Gottesdienst, Hauskreis oder bei Freizeiten. Das klingt vielleicht banal und allzu selbstverständlich. Doch wir müssen uns immer wieder vergegenwärtigen, dass unser ganzes Leben als Ausdruck der Anbetung Gottes gedacht ist. Vor diesem Hintergrund sind wir alle Lobpreisleiter, und zwar jeden Tag!

Dennoch geht es in diesem und im folgenden Kapitel um das gesungene Lob Gottes im Rahmen der Gemeinde. Wir beschränken uns daher auf einige wesentliche Aspekte – die Vorbereitung und Leitung von Lobpreiszeiten sowie das Texten und Komponieren. Wer sich intensiver mit Lobpreis und Anbetung beschäftigen möchte, der findet im Anhang einige Bücher zum Thema.

Die Rolle eines Lobpreisleiters

Was zeichnet einen guten Lobpreisleiter aus? Die Gefahr ist groß, dass einfach der diese Aufgabe übernimmt, der musikalisch am besten drauf ist. Klaus Fischer schreibt hierzu humorvoll: »›Du kannst als einziger den Takt halten, also bist du jetzt unser Lobpreisleiter‹. Gerne erinnere ich mich an die salbungsvollen Worte, mit denen mein Pastor den bisherigen Höhepunkt meiner charismatischen Karriere beschrieb ... Mein Vorteil war, dass es wirklich niemanden in meiner Gemeinde gab, der mehr als zwei Gitarrenakkorde spielen konnte (mit Ausnahme von Birgit Musmann. Die konnte G-Dur, C-Dur, D-Dur und a-Moll. Aber bis sie den Wechsel von C-Dur nach D-Dur hinbekam, war meist das Lied zu Ende).«[9] Er hat Recht – ein Instrument zu beherrschen, ist zwar hilfreich, aber alleine noch kein ausreichender Grund, die Lobpreisleitung zu übernehmen. Es bedarf einer ganzen Reihe von persönlichen Eigenschaften, die leider allzu oft hintangestellt werden.

Eine Schwierigkeit bei Musikern (ich weiß aus jahrelanger Banderfahrung, wovon ich spreche ...) ist ihre Schwäche, dass das Betreten einer Bühne oder eines Altarraumes bei vielen einen

Sie musizieren harmonisch im Team: Uli Kringler, Peter Neubauer, Christoph Spörl, Florian Sitzmann, Albert Frey und Marcus Watta (v.li.).

gewissen Geltungsdrang weckt. Auftritte und die damit verbundene Anerkennung können schnell dazu führen, dass das Ego nach mehr verlangt und danach strebt, bewundert zu werden. Doch es gibt wohl kaum ein musikalisches Betätigungsfeld, in dem das eigene Ich so sehr zurückstehen muss, wie die Lobpreis- und Anbetungsmusik. Hier geht es darum, unserem Herrn Dank und Lob zu bringen, und da sind eigene Ambitionen einfach fehl am Platz. Auch wenn es uns wohl nie gelingen wird, völlig frei vom Bedürfnis nach Anerkennung zu dienen, ist es eine hilfreiche Einstellung, wenn wir uns ganz darauf ausrichten, Gott zu loben und unser musikalisches Talent dafür einzusetzen – ganz gleich, ob wir zu zweit sind oder vor 100 Menschen stehen.

Entscheidend ist auch eine aufrichtige Liebe zu Jesus. Nur wenn unser Handeln hiervon angetrieben wird, kann unser Dienst für Gott und die Gemeinde zum Segen werden. Als Lobpreisleiter sind wir Diener, die nicht etwa Anerkennung oder gar Privilegien suchen, sondern sich als »Instrument« sehen um dabei zu helfen, uns gemeinsam auf Gott auszurichten.

Daher ist es für Lobpreisleiter besonders wichtig, ihrem Dienst mit dem eigenen Leben zu entsprechen. Kein Mensch ist ohne Sünde und Fehler, aber kaum etwas würde den Dienst eines Lobpreisleiters mehr untergraben als ein Lebensstil, der sich nicht durch Gehorsam und Hingabe an Jesus Christus auszeichnet. Glaubwürdigkeit und Echtheit sind also von großer Bedeutung, nicht zuletzt, weil Lobpreisleiter immer auch Vorbild sind.

Führungsqualitäten sind längst nicht so bedeutungsvoll wie ein gewisses Maß an Sensibilität, ein Gespür dafür, was die Gruppe oder Gemeinde gerade beschäftigt. Albert Frey beschreibt die gewünschten Qualitäten von Lobpreisleitern folgendermaßen:

»Musikalische Begabung ist ein Geschenk Gottes und wir ehren ihn auch damit, dass wir es ernst nehmen, entwickeln, viel üben und proben. Aber auch die besten Musiker sind nicht unbedingt

geeignet. Viele Künstlertypen ziehen einfach die Aufmerksamkeit auf sich, sie können gar nicht anders. Andere wollen sich ausprobieren, experimentieren, provozieren. Das alles ist gut, und dafür gibt es auch Platz im Reich Gottes. Aber nicht dort, wo wir Menschen in die gemeinsame Anbetung führen wollen. Dafür braucht es ein besonderes Gespür und auch immer wieder eine Zurückhaltung, ein Sich-Zurücknehmen. Und vor allem anderen ein Herz für Anbetung. ›Betet ihr mal, ich spiele dazu‹, funktioniert nicht, weder in der klassischen Kirchenmusik noch mit der Worshipband. Wir können die Leute nur mitnehmen, wenn wir selbst voraus zum Thron Gottes gehen, sie mitziehen. Von hinten schieben lässt sich niemand gern, egal wie laut wir aufdrehen.

Dazu hilft ein guter Lobpreisleiter oder – ausdrücklich erwähnt, weil Frauen oft besonders stark die Gabe der Anbetung haben – eine gute Lobpreisleiterin. Ich genieße das, wenn mich jemand auch durch seine Persönlichkeit mitnimmt in die Anbetung. Man spürt, ob jemand dabei schon seinen Weg gefunden hat oder noch verzweifelt sucht und andere imitiert oder sehr darauf bedacht ist, alles richtig zu machen. Oft geht es hier eher darum, Unnötiges wegzulassen, statt noch mehr ›Theater‹ zu machen. Wenn jemand beim Leiten er selbst ist, mit den Gebeten, die man ihm abnimmt, der Musik, die ihm liegt und die er beherrscht, dann kommt eine wunderbare Ruhe und Sicherheit in die Atmosphäre. Dann können wir uns für Gott öffnen und müssen nicht bangen, ob der Leiter und das Musikteam die Lobpreiszeit ohne größere Unfälle überstehen.«[10]
Albert Frey betont hier zu Recht die große Bedeutung einer persönlichen und lebendigen Beziehung zu Gott.

Eine Lobpreiszeit vorbereiten

Vielleicht klingt es widersprüchlich, eine Lobpreiszeit zu planen und zu organisieren. Kann man Gottesbegegnung etwa für einen bestimmten Zeitraum, einen konkreten Ort »planen«? Sicher nicht! Aber gleichzeitig gilt: Nur wer gut vorbereitet ist, kann auch spontan sein. Und Spontaneität ist ein wichtiger Aspekt beim Lobpreis etwa im Rahmen eines Gottesdienstes. Man muss in der Lage sein, auf die Gemeinschaft und plötzliche Veränderungen einzugehen. Der Heilige Geist kann jederzeit wirken und Impulse geben, und es können auch aus anderen Gründen Situationen entstehen, die ein Abweichen vom geplanten Ablauf nötig machen. Darauf sollte man als Lobpreisleiter eingestellt sein – und dazu muss man gut vorbereitet sein.

Die wichtigsten neun Punkte für die Vorbereitung von Lobpreiszeiten sind meines Erachtens:

1. Der Ort

Wo, in welchem Rahmen, findet der Lobpreis statt – im sonntäglichen Gottesdienst, einem wöchentlichen Gebetstreffen, im überschaubaren Hauskreis oder bei einer übergemeindlichen größeren Veranstaltung? Die Größe der Gemeinschaft spielt natürlich eine Rolle. In einer kleinen Gruppe kann bereits ein Musiker als Gitarrist oder Pianist die Lobpreiszeit musikalisch gestalten, während größere Veranstaltungen zumindest einige technische Hilfsmittel wie Verstärker, Mikrofone und Gesangsanlage erfordern. Ein Gottesdienst verlangt darüber hinaus sicherlich nach intensiverer Vorbereitung und Absprache als ein Treffen im kleinen Rahmen, wo Spontaneität wesentlich einfacher ist.

2. Der Stil

Die Frage, welchen Musikstil man wählt, ist nicht nur von ästhetischer Bedeutung oder gar eine Geschmacksfrage. Sondern es ist wichtig, sich als Lobpreisleiter Gedanken über die Gruppen-

Wahre Beatles-Fans erblassen vor Neid: Peter Neubauer mit seinem echten Höfner-Bass; mit Johannes Falk, Christoph Spörl, Daniel Jakobi, Andrea Adams-Frey und Albert Frey (v.li.).

zusammensetzung zu machen und sie im Blick zu haben. Die eigene Gemeinde kennt man natürlich nach einiger Zeit recht gut. In einem anderen, neuen Rahmen erfordert die Vorbereitung die Beantwortung mehrerer Fragen: Wie hoch ist das Durchschnittsalter der Anwesenden? Sprechen die meisten deutsch, wird überhaupt englisch gesprochen, gibt es vielleicht ausländische Gäste oder Mitglieder? Welche Lieder sind hier bereits eingeführt und werden häufig gesungen? Natürlich spricht nichts dagegen, den Horizont einer Gruppe oder Gemeinde mit neuen Liedern zu erweitern, aber das sollte behutsam geschehen. Also: nicht zu viel Neues und Ungewohntes auf einmal! Albert Frey empfiehlt: »*Die Verantwortlichen müssen einen Weg finden, bei dem möglichst viele mitkönnen. Musik ist schließlich auch Geschmackssache. Und es muss ja auch nicht immer die volle Bandbesetzung mit verzerrten Gitarren sein. Eine cool gespielte Akustik-Gitarre mit feiner Percussion kann auch zeitgemäß klingen.*«

3. Der »rote Faden«

Es gibt unendlich viele Möglichkeiten Gott anzubeten, verschiedene Aspekte seines Wesens zu betrachten und ihn dafür zu preisen. Es empfiehlt sich jedoch, im Rahmen einer Lobpreiszeit thematische Grenzen zu ziehen. Eine konzentrierte Beschäftigung mit einem Thema hilft der Gemeinschaft, sich wirklich auf diesen Gedanken einzulassen und sich auf Gott auszurichten. Eine Predigt beschränkt sich in der Regel ja auch auf ein Thema ...

4. Freiheit zur Spontaneität

Es ist gut, wenn man bereit ist, auf spontane Entwicklungen während der Anbetung einzugehen. Plötzlich verändern sich Stimmungen, oder die Gemeinde reagiert auf bestimmte Liedstellen in einer besonderen Weise – dann ist es gut, darauf einzugehen, etwas auszusprechen oder aufzunehmen. Vielleicht möchte der Pastor eine Textzeile wiederholen oder sich an die Gemeinde wenden, während die Band im Hintergrund leise weiter spielt. Daher ist es wichtig, dass die Band konzentriert dabei ist und spontan reagieren kann. Diese ungeplanten und unerwarteten Momente können zu den ganz besonderen Augenblicken werden.

5. Gemeinsam: Lobpreisleiter und Pastor

Wie bereits kurz erwähnt, sollte der Lobpreisleiter in der Lage sein, auf den Pastor oder eine andere Person, die den gesamten Gottesdienst leitet, und deren Vorstellungen einzugehen. Dazu sind klare Absprachen über inhaltliche Schwerpunkte und gewünschte Elemente notwendig. Dem Lobpreisleiter muss klar sein, dass der Gottesdienstleiter bzw. Pastor die Verantwortung für den gesamten Gottesdienst trägt und er sich entsprechend einordnet.

6. Weniger ist mehr

Die Verlockung ist häufig groß, dass eine gute Band der Gemeinde auch zeigen möchte, dass sie sich viel Mühe gegeben hat. So sind gute Musiker immer versucht, ihr Können zu zeigen. Aber wenn es um Lobpreis und Anbetung geht, hat die Musik eine sehr zurückhaltende Funktion der Untermalung und ist nicht Selbstzweck. Deshalb ist es ratsam, Freiräume zuzulassen und nicht jede musikalische Pause zu füllen. So erhält die Gemeinde Raum, Texte zu verinnerlichen. Die Musik soll in erster Linie die Wirkung der Worte unterstreichen und sie nicht etwa überlagern.

7. Mit bekannten Liedern beginnen

Sicherlich ist es für ein bewährtes Lobpreisteam eine Herausforderung, immer wieder die gleichen Lieder wiederholen »zu müssen«: Da hat man neue Lieder intensiv geübt und möchte sie nun gerne im Gottesdienst spielen – und dann wird doch wieder zum x-ten Mal ein altbekanntes Lied gesungen. Dabei sollten wir nicht vergessen, dass die meisten Gottesdienstbesucher sich längst nicht so ausführlich mit den Liedern beschäftigen wie das Musikteam. Es ist daher hilfreich, mit Liedern zu beginnen, die in der Gemeinde gut bekannt sind. Das erleichtert den Einstieg und die Ausrichtung auf Gottes Gegenwart. Wer auf dem Weg zum Gottesdienst gerade eben zwei quengelnde Kinder im Auto hatte und auch noch einen Parkplatz suchen musste, der wird sich leichter tun, im Gottesdienst anzukommen und sich auf diese Zeit einzulassen, wenn es mit vertrauten Liedern losgeht.

8. Sich fallen lassen

Bei aller Planung und Konzentration ist es wichtig, sich im Lobpreis selbst fallen zu lassen. Damit meine ich, dass man aufhört darüber nachzudenken, wie man jetzt wohl gerade auf andere wirkt. Dass man selbst Gott von Herzen lobt, ihm seinen Dank bringt und nicht darauf achtet, ob man nun zu laut oder zu leise singt oder ob die Frisur auch richtig sitzt. Gerade für die Lobpreisleitung ist das von Bedeutung. Es stimmt, es ist gut, die Kontrolle über den Ablauf zu behalten und die Qualität der Band im Blick zu haben. Aber ebenso wichtig ist es, die Freiheit zu finden, sich selbst ganz darauf einzulassen, was gerade geschieht. Wenn wir die Situation aufnehmen und auch den Moment wirken lassen, kann der Raum entstehen, in dem die Ausrichtung auf Gott leichtfällt.

9. Solide Technik

Dieser Aspekt wird in vielen Gemeinden leider immer noch vernachlässigt. Eine gute technische Ausstattung spielt nämlich durchaus eine Rolle. Dabei geht es nicht um eine besonders tolle Gitarre oder ein hochwertiges Schlagzeug, sondern um eine angemessene Verstärkerausrüstung – Boxen, Mischpult, Endstufe und Mikrofone. Ein guter Sound ist nicht nur im Pop- oder Rockkonzert wichtig, sondern auch in der Lobpreiszeit. Es stört den Gottesdienst erheblich, wenn man sich nicht geistlich konzentrieren kann, weil die Band zu laut ist, der Klang nicht ausgewogen ist oder alles dröhnt, weil die Bässe völlig übersteuern. Genauso irritierend kann es für alle Beteiligten sein, wenn die Band aus Angst vor zu großer Lautstärke alles so weit herunterdreht, dass man den Liedern nur noch in Nähe der Lautsprecher folgen kann.

Die Musik soll helfen, Gott zu begegnen, soll Räume schaffen, Gott persönlich nahe zu kommen – und dazu ist wichtig, dass sie insgesamt von der Gemeinde als angenehm und bereichernd empfunden wird. Das gelingt mit Sicherheit leichter, wenn sie in der richtigen Lautstärke und dem richtigen Verhältnis zwischen Höhen und Tiefen erklingt. Dann helfen eine solide Technik und kompetente Mitarbeiter am Mischpult, Lobpreislieder als schön und hilfreich zu empfinden, um Gott zu loben.

Selbst Lieder schreiben

Sicherlich bietet es sich an, am Anfang bekannte Lieder beim Lobpreis zu verwenden. Doch nach einiger Zeit haben viele Lobpreisleiter das Bedürfnis, Gott mit ihren eigenen Worten zu loben. Die intensive Beschäftigung mit Lobpreis und Anbetung führt zu neuen Gedanken, die man so in keinem Lied findet. Man möchte Gott noch näher sein, und diese Nähe entsteht manchmal durch eigene Worte, die aus dem Herzen kommen. Mancher beginnt so, selbst Lieder zu schreiben.

Doch wie fängt man das am besten an? Worauf sollte man achten? Am wichtigsten ist sicher, dem eigenen Herzen zu folgen. Im folgenden Kapitel habe ich einige praktische Tipps und Anregungen für das Komponieren und Texten von Liedern zusammengestellt.

Klassisch gute Musica: Peter Neubauer und Florian Sitzmann mit Kontrabass und Cello (v.li.).

9. Praxistipps für Songwriter

Die Frage, wie man einen guten Lobpreis-Song schreibt, ist sicherlich nicht einfacher zu beantworten als die, wie man einen sicheren Nummer-1-Hit komponiert. Obwohl die Geschichte der Popularmusik etliche Beispiele von angeblich unfehlbaren Systemen und Studien bietet, die dabei helfen sollten, einen Hit zu schreiben – es gibt kein Schema dafür. Immer noch gilt das – zwar unbefriedigende, aber verlässliche – Gesetz: »richtige Zeit, richtiger Ort« und vielleicht noch der Zusatz: »richtiger Künstler«. Aber wann die richtige Zeit, was der richtige Ort und wer der richtige Künstler ist, das bestimmt immer noch der Hörer, nach der Veröffentlichung eines Liedes. Der große Traum der Musikindustrie, auf gelegentliche Flops verzichten zu können, bleibt also ein Traum.

Nun geht es bei einem Lobpreislied nicht darum, einen Hit zu schreiben. Lobpreismusik zielt nicht auf Verkaufsrekorde und Chart-Platzierungen. Gleichwohl plädiere ich dafür, dass Musiker, die ein Lobpreis- oder Anbetungslied schreiben, mit der gleichen Einstellung an die Arbeit gehen wie Produzenten bei dem Versuch, einen Hit zu landen: Hier wie dort schadet es dem Ziel, wenn man sich mit Mittelmaß und zweitbesten Lösungen abfindet. Schließlich richten sich Lobpreislieder nicht an ein flüchtiges Publikum, Konsumenten, die sich heute für diesen und morgen für den nächsten Musiker begeistern. Lobpreis- und Anbetungslieder sind zuerst an den Schöpfer von Himmel und Erde, den Herrn der ganzen Welt und des Universums gerichtet. Und was hat Gott anderes verdient als unser Allerbestes, und zwar in einem umfangreichen, alles umfassenden Sinn?

Für Gott geht es nicht in erster Linie um die schönste »hook line«, einen »catchy« Refrain, gute Rhythmen oder ein besonders schönes Vokalarrangement – sondern um unser Herz. Wir sollen Gott anbeten »im Geist und in der Wahrheit«. Darum geht es bei Lobpreis und Anbetung und so ist es wichtig, dass ein Lobpreislied geprägt ist von ehrlichen Gefühlen und Gedanken, von tief empfundener Dankbarkeit und Liebe zu Gott. Es kommt nicht so sehr darauf an, ob man Profi oder Amateur ist, sondern dass man alles in ein Lied hineinlegt, was man Gott an künstlerischen Ausdrucksformen darbieten kann. Jeder spürt, ob ein Titel ehrlich empfunden ist und Gedanken, die sich im Text wiederfinden, authentisch sind.

Der Text

Bei der Gestaltung eines Lobpreisliedes steht der Text im Vordergrund. Hier liegt die größte Herausforderung, denn es geht darum, Gedanken und eine Haltung in Worte zu fassen, die von Herzen kommen. Es ist nicht leicht, dafür Worte zu finden, die das ausdrücken, was man Gott sagen möchte, und die darüber hinaus auch für andere Menschen relevant sind. Welche Sprache wir verwenden, ist also eine wichtige Frage.

In den USA besuchte ich einmal einen Gottesdienst, in dem ein Pastor einige Liedtexte zitierte. Er engagierte sich in der Arbeit mit Jugendlichen und die hatten ihm die Texte mitgebracht – von Liedern, die in ihren jeweiligen Gemeinden gesungen wurden. Viele davon stammten aus dem späten 19. oder frühen 20. Jahrhundert und enthielten Begriffe, die längst nicht mehr verwendet werden. Diese Worte haben für viele Menschen heute keine Bedeutung mehr. Der Pastor fragte laut: »Ja, glaubt ihr denn, dass Gott nicht weiß, dass wir im 21. Jahrhundert leben?«

Es ist also ratsam, sich beim Schreiben der heutigen Sprache zu bedienen. Die Bibel ist schließlich das beste Beispiel dafür. Die Propheten und dann Jesus und auch die Apostel haben sich immer an Dingen und Abläufen orientiert, die ihren Zuhörern unmittelbar bekannt und vertraut waren. Die Tiere, von denen Jesus sprach, die Pflanzen, die Arbeit – alle Beispiele stammten aus dem Alltag der Menschen, waren greifbar und leicht zu verstehen. Auch Lobpreistexte sollten so geschrieben sein, dass sie leicht verständlich sind, dass ihre Botschaft nachvollziehbar ist und beim Singen empfunden werden kann.

In einigen Büchern wird empfohlen, bestimmte Begriffe zu verwenden, wie zum Beispiel Staunen, Hoffnung, Liebe, Verlangen oder auch kennen, erfahren, begegnen. Doch ich glaube nicht, dass es hilfreich ist, sich beim Schreiben von Lobpreisliedern von solchen Begriffen leiten zu lassen. Was wir selbst empfinden, unsere eigene Sprache, die ehrlich ausdrückt, was wir Gott sagen möchten, ist wichtiger als ein bestimmtes »Lobpreis-Vokabular«, das noch dazu womöglich gar nicht umfasst, was uns am Herzen liegt. Wenn unsere Liebe und Dankbarkeit gegenüber Gott nicht »von der Stange ist«, dann sollten es unsere Texte auch nicht sein.

Zu guter Letzt ist es wichtig, bei der Arbeit an neuen Lobpreisliedern immer Menschen in einer großen Bandbreite im Blick zu haben. Die Texte sollten zum Beispiel nicht nur auf junge Menschen ausgerichtet sein, sondern möglichst generationenübergreifend verständlich sein. Sicherlich ist jeder ein Kind seiner Zeit, und die Sprache von Jugendlichen unterscheidet sich von der eines 60-Jährigen. Dennoch, in den meisten Fällen lassen sich Worte finden, die von vielen verstanden werden.

Achte also beim Schreiben neuer Texte auf Folgendes:
- Suche nach Worten, die dir wirklich etwas bedeuten; die das ausdrücken, was du Gott sagen möchtest.
- Verwende eine zeitgemäße Sprache und suche nach Begriffen, die für viele Menschen heute verständlich sind.
- Vermeide Phrasen und Textteile, die schon viele Male verwendet wurden (außer sie drücken genau das aus, was du sagen möchtest).

Musik lebt von Worten, die direkt von Herzen kommen (Andrea Adams-Frey).

- Bemühe dich, auf Reime zu verzichten, die keinen Sinn ergeben. Ein Reim ist nur dann gut, wenn die beiden sich reimenden Worte auch inhaltlich Sinn machen. Lieber keinen Reim als einen erzwungenen …
- Bemühe dich, kurz und prägnant zu formulieren. Je kürzer und einfacher ein Text, umso leichter fällt es beim Singen, auch innerlich mitzugehen.

DAS LIED

Stimmt ihm zu Ehren neue Lieder an, und spielt die Harfe so gut ihr könnt und mit ganzer Freude. Psalm 33,3

Was zeichnet ein gutes Lobpreislied musikalisch aus? Zu Beginn wollen wir drei Begriffe aus der Musiktheorie klären:

Melodie
Harmonie
Akkorde

Der Begriff *Melodie* stammt aus dem Griechischen und setzt sich aus den zwei Worten *melos* (Lied) und *odé* (Ode) zusammen. Die Melodie bezeichnet in der Musik die Aufeinanderfolge von Tönen in einer bestimmten Zeit, also den vertikalen wie den horizontalen Aspekt der Organisation von Tönen. Die Melodie definiert, wie die Töne in ihrer jeweiligen Tonhöhe zueinander stehen (fis ist höher als f) und wie sie zeitlich aufeinander folgen (eine Achtelnote, Pause oder ganze Note). Wer schon einmal Noten in der Hand hatte, weiß also, was eine Melodie beinhaltet.

Die *Harmonie* (griechisch *harmonia* = fügen, zusammenfügen) hingegen bezeichnet einen bestimmten »Zustand«, nämlich das Zusammenklingen verschiedener Töne. Dies führt dann auch zum *Akkord*.

Ein *Akkord* bezeichnet in der Musik das gleichzeitige Erklingen von unterschiedlichen Tönen, die sich harmonisch deuten lassen. Der Begriff Akkord leitet sich vermutlich von *chorda*, dem griechischen Wort für Saite, ab. Er wurde über das Italienische und Französische in der Bedeutung *Zusammenklang* ins Deutsche aufgenommen. Die Bedeutung des »Zusammenklangs« bezieht sich nicht ausschließlich auf den Zusammenklang mehrerer Töne, sondern schließt auch das Erklingen der Obertonreihe eines einzelnen Tones mit ein.

Worauf kommt es nun bei der richtigen Zusammensetzung dieser drei Komponenten an? Zum einen sollte die harmonische Struktur nicht zu kompliziert sein. Die Lieder werden schließlich nicht von Profis gesungen, sondern von – musikalisch betrachtet – Amateuren. Moderne Popmusik bietet diesbezüglich eine gute Orientierung.

Viele Popsongs sind harmonisch so aufgebaut, dass sie durch den ganzen Song hindurch eine feste Sequenz von (meistens vier) Akkorden beibehalten, die zyklisch wiederholt wird. Die einmal etablierte Akkordsequenz bleibt sogar in der Strophe und im Refrain die gleiche und zieht sich unverändert wie ein roter Faden durch das Lied. Im einfachsten Fall ist der erste Akkord der Folge die *Tonika* (das wesentliche Merkmal der Tonika ist ihre Fähigkeit, wie ein Magnet im Zentrum aller harmonischen Spannungsfelder zu stehen, weil ihr Grundton mit dem Grundton der jeweiligen Tonart identisch ist) und der letzte die *Dominante* dazu (der Begriff *Dominante* bezeichnet in der musikalischen Funktionstheorie die Tonart, deren Grundton eine Quinte über dem Grundton der Haupttonart Tonika liegt oder den entsprechenden Akkord der fünften Stufe).

DIE STUFEN AM BEISPIEL DER C-DUR TONLEITER

I II III IV V

Da die letzte Stufe wieder zur Tonika strebt, »rollt« die Akkordsequenz, wie von einem inneren Drang getrieben, immer weiter. Dieser Effekt wirkt sehr stark und solche Lieder werden meist als besonders mitreißend empfunden.

Als Beispiellieder können hier genannt werden:

It Never Rains In Southern California (Albert Hammond)
Akkordfolge: **Am, D, G**
La Bamba (Ritchie Valens) Akkordfolge: **D, G, A7**
What's Up (4 Non Blondes) Akkordfolge: **A, Hm, D, A**
Zombie (The Cranberries) Akkordfolge: **Em, C, G, D**

Die Struktur der Lieder sollte ebenfalls einfach nachvollziehbar sein. Wenn man gängige Poptitel genauer betrachtet, fällt häufig folgende Struktur auf:

Strophe
Refrain/Chorus
Strophe
Refrain/Chorus
Mittelteil
Refrain/Chorus

Erst in den 60er Jahren wurde der Kontrabass durch die Bassgitarre verdrängt. Doch auch noch heute (hier mit Peter Neubauer) verleiht er Liedern eine besondere Note.

In musikalischer Sprache würde man hier von drei Teilen sprechen, nämlich dem A-Teil (Strophe), dem B-Teil (Refrain oder Chorus) und dem C-Teil (Mittelteil). Das obige Schema sähe dann so aus:

A-Teil
B-Teil
A-Teil
B-Teil
C-Teil
B-Teil

Auch ein Lobpreislied sollte im Idealfall aus höchstens drei Teilen bestehen, sodass es leicht zu erlernen ist. Viele Lobpreislieder bestehen sogar nur aus zwei Teilen, also einem A- und einem B-Teil. Am Ende dieser Lieder wird dann meist der B-Teil, also der Refrain, mehrfach wiederholt.

Außerdem ist darauf zu achten, dass sich Text und Musik gut ergänzen, Textlängen und Tonlängen zueinander passen, sodass die Worte möglichst natürlich gesungen werden können.

Zuletzt will ich einen Punkt erwähnen, der zwar nicht zwingend, aber doch wünschenswert ist: Die bekanntesten und oft auch beliebtesten Lobpreislieder zeichnen sich durch etwas aus, was man im Englischen als *hook* (Haken) bezeichnet. Damit meint man einen Teil, einen kleinen Melodieabschnitt, der beim Hören sofort im Ohr hängen bleibt – ein Lied zum Ohrwurm macht. Bei Popsongs liegen die *hooks* in der Regel im Refrain (häufig »Chorus« genannt), aber auch die Strophe kann einen *hook* enthalten. Einige Lobpreislieder mit besonders starkem *hook* sind zum Beispiel:

Shout To The Lord / Ruft zu dem Herrn (Hillsong)
Praise Him (David Crowder Band)
Anker in der Zeit (Albert Frey)

Wonderful, Merciful Saviour / Wunderbar großer Erlöser
(Dawn Rodgers, Eric Wyse)
The Heart Of Worship / Das Herz der Anbetung (Matt Redman)
He Will Carry Me (Mark Schultz)

Achte also beim Schreiben neuer Lieder auf Folgendes:
- Halte die harmonischen Strukturen einfach.
- Versuche deine Akkordsequenzen »rollen« zu lassen (siehe Beispiele).
- Achte darauf, dass das Lied nicht aus zu vielen Teilen besteht (A- und B-Teile).
- Versuche eine *hook line* zu kreieren, die sofort »im Ohr« hängen bleibt.

Hier werden Ohrwürmer produziert: das *Feiert Jesus!*-Studio in der FeG Heidelberg.

10. Und was kommt jetzt?

Als Lukas Di Nunzio damals die Idee hatte, das alte rosa Liederbuch von Operation Mobilisation (OM) zu ersetzen, war in keiner Weise vorherzusehen, was aus diesem Gedanken einmal erwachsen würde. Mittlerweile sind zwölf reguläre *Feiert Jesus!*-Alben veröffentlicht worden, dazu Best-of-CDs, *Feiert Jesus! on the Piano*, *Feiert Jesus! Christmas* und drei Liederbücher, die zusammen fast 800 Lieder beinhalten. Seit 1995 sind zigtausend Menschen mit *Feiert Jesus!* in Berührung gekommen. Viele, viele Lieder haben so ihren Weg in Gemeinden und Hauskreise und das Repertoire von Lobpreisteams gefunden. Doch dahinter steht nach wie vor das Anliegen, neue Lieder herauszugeben, um Gott gemeinsam anzubeten und ihn bekannt zu machen. Das war der Ursprung von *Feiert Jesus!*, und es ist immer der Fixpunkt für alles geblieben, was in diesem Zusammenhang erschienen ist.

Die Geschichten, wie Menschen Trost, Freude und Hoffnung gefunden haben und wichtige persönliche Begegnungen erlebt haben, die manchmal entscheidende Veränderungen mit sich brachten, zeigen, dass *Feiert Jesus!* wirklich weit mehr ist als nur ein Liederbuch oder eine CD-Reihe. Für viele Menschen wurde *Feiert Jesus!* zur Quelle neuer Lobpreis-, Anbetungs- und »Lebens«-lieder, die sie nun über Jahre begleiten; zur Inspiration, die Form und Inhalt der eigenen Anbetung prägt. Das bestätigt auch die unglaubliche Zahl derer, die *Feiert Jesus!*-CDs lange vor Erscheinen bestellen, sich mit Fragen und Anregungen an den Verlag wenden oder in Internetforen zum Thema diskutieren und ihre Lieblingslieder austauschen.

Und was kommt jetzt? Wohin wird sich *Feiert Jesus!* bewegen? Es kann sein, dass neue musikalische Stile eine andere Ausrichtung von *Feiert Jesus!* erfordern – dass die Musik sich mehr in elektronische Bereiche oder, andersherum, in akustische Gefilde entwickelt.

Gerhard Schnitter wagt zwar keine Vorhersage, aber er meint: »*Es war vor einigen Jahren noch gar nicht abzusehen, dass einmal so viel aus Australien kommen würde, und dennoch ist es nun so wichtig. Ich kann mir gut vorstellen, dass die neuen Einflüsse für christliche Musik in Zukunft auch zu einem nicht unerheblichen Teil aus Südamerika kommen könnten. Da passiert gerade sehr viel und warum sollte das nicht zu uns herüberkommen? Aber vielleicht kommen auch mehr Einflüsse aus Osteuropa? Grundsätzlich finde ich, dass besonders die Lobpreis- und Anbetungsmusik zurzeit sehr bedächtig, sehr gefühl-voll ist. Ich könnte mir vorstellen, dass es wieder einmal ein wenig mehr Uptempo und energischer wird.*« Evie Sturm hat konkrete Vorstellungen: »*Für meinen Geschmack dürften auch mal funkige, soulige, Gospel-, Jazz- oder Blueselemente reinkommen.*«

Dabei ist die musikalische Stilfrage nicht die zentrale Frage. Vielmehr ist es notwendig, dass *Feiert Jesus!* inhaltlich Spiegel und Abbild ehrlich empfundenen Lobpreises und tiefer Anbetung bleibt.

Wie in Johannes 4,24 beschrieben: »*Denn Gott ist Geist; deshalb müssen die, die ihn anbeten wollen, ihn im Geist und in der Wahrheit anbeten.*«

Somit ist die Antwort auf die Frage, wohin *Feiert Jesus!* noch führen kann, gar nicht so sehr darauf zu beschränken, welche musikalischen Richtungen in Zukunft eingeschlagen werden könnten. Es geht vielmehr darum, dass *Feiert Jesus!* auch weiterhin eine gute Quelle bleibt, aus der Menschen ihren Lobpreis und ihre Anbetung zu Gott gestalten können. Dass *Feiert Jesus!* schon jetzt für viele Menschen eine herausragende Bedeutung hat, dafür steht der folgende Kommentar: »*Ich bin froh und dankbar, dass es euch gibt. Eure Musik tut meiner Seele immer gut. Preist den Herrn, er segne euch und euren Dienst! Liebe Grüße.*« (Andrea)

Wenn es *Feiert Jesus!* gelingt, diesem Anspruch auch in den nächsten Jahren gerecht zu werden, dann hat das Projekt eine lange Zukunft verdient.

Ohne sie wäre *Feiert Jesus!* nicht zu *Feiert Jesus!* geworden: Die Sänger und Sängerinnen des Chores bei einer CD-Aufnahme.

Anhang

Feiert Jesus! und seine Geschwister

Feiert Jesus! spricht längst viele Menschen mit sehr unterschiedlichen Vorlieben an. Hatte man lange Zeit zumeist junge Menschen im Blick, zeigte sich im Lauf der Jahre, dass auch ältere Menschen sich verstärkt den *Feiert Jesus!*-Liedern öffneten und diese in ihre Gottesdienste oder Hauskreise aufnahmen. Es war also längst keine Reihe mehr nur für junge Leute. Besonders auffällig wurde dies im Verlauf der Tournee 2005: Während alle mit überwiegend jugendlichen Zuhörern rechneten, zeigte sich bereits am ersten Abend, dass das Publikum von Kindern bis hin zu Großeltern reichte – die alle gleichermaßen begeistert mitsangen.

Weil *Feiert Jesus!* von Christen aller Altersgruppen benutzt wird, wurde bald klar, dass eine stilistische Ausweitung hilfreich wäre, um den verschiedenen Ansprüchen gerecht zu werden. *Feiert Jesus!* sollte auf ein wirklich gemischtes Publikum ausgerichtet werden. Das sollte jedoch nicht durch eine Veränderung im Konzept der bestehenden CD-Produktionen geschehen, sondern durch eine Ergänzung. Zusätzliche Produktionen sollten den Grundgedanken und die Lieder von *Feiert Jesus!* auf andere Stile übertragen. Auf Initiative von Gerhard Schnitter entstand als Erste die Instrumentalproduktion *Feiert Jesus! on the Piano*. Pianist Michael Schlierf, der bereits für Johannes Heesters, Bill Ramsey oder Caterina Valente brillierte, verlieh den 15 ausgewählten Titeln ein ganz neues Gewand. So bekamen Lieder wie »Herr, dein Name sei erhöht (Lord, I lift your name on high)«, »Mein Jesus, mein Retter (My Jesus, My Saviour)«, »Jesus, du bist König« oder »Würdig und herrlich ist das Lamm« einen spannend neuen Klang. Während man manche Lieder beim Hören sofort erkannte, gelang es Michael Schlierf, andere so kunstvoll zu variieren, dass selbst Kenner einige Zeit brauchten, um herauszufinden, welchen Titel sie gerade hörten. Die Resonanz war sehr gut und so war bald klar, dass es eine zweite Instrumental-Folge geben würde.

Bei weiteren Überlegungen entstand schließlich der Gedanke, eine Aufnahme speziell zu Weihnachten zu produzieren. Im Sommer 2005 begann die Produktion des ersten Weihnachtsalbums *Feiert Jesus! Christmas*. Anstelle von Albert Frey wurde sie von den »Beatbetrieb«-Musikern Tobias Wörner und Winnie Schweitzer produziert. Als Solisten konnte man die »Star Search«-Gewinnerin Florence Joy sowie Michael Janz, die Frankfurter Sängerin KAT und Pamela Natterer gewinnen. Aus dem *Feiert Jesus!*-Stamm war Jo Jasper mit dabei. Neben bekannten Titeln aus den *Feiert Jesus!*-Liederbüchern wie »Frieden auf Erden« und »Mary, did you know?« schrieben Künstler wie »Anton and The Watergirls« und KAT und ihre Band neue Weihnachtslieder wie »Don't you know it is Christmas« oder »Turn into Christmas«, die so auch ihren Weg in das Liederbuch *Feiert Jesus! 3* fanden.

Als neuestes Mitglied der Familie kam im Frühjahr 2006 *Feiert Jesus! Lounge* heraus. Tobias Wörner fand im Sommer 2005, dass man eine CD für Hörer machen müsste, die nicht auf die traditionelle Mischung aus Gitarre, Bass, Schlagzeug und Keyboard standen. Schließlich gibt es auch in der christlichen Musik immer wieder neue Einflüsse. Waren es in den achtziger Jahren vornehmlich härtere Klänge aus dem Hard-Rock- und Heavy-Metal-Bereich, so hat sich christliche Musik in den vergangenen 15 Jahren in alle Bereiche vorgearbeitet. Längst gibt es christlichen Dance, HipHop oder Jazz.

Da sich die aus der Dance- und Technobewegung entstandene *Lounge*-Musik immer größerer Beliebtheit erfreut, entschied man sich für *Feiert Jesus! Lounge*. »Lounge«, häufig auch mit »Chill Out« gleichgesetzt, bezeichnet eine Musik, die ruhig, manchmal geradezu meditativ daherkommt und in erster Linie entspannen soll. Natürlich kann man sie einfach im Hintergrund laufen lassen; beim Zuhören entfalten die Lieder jedoch richtig Wirkung. In unserer getriebenen Zeit, wo jeden Tag unzählige Eindrücke auf uns niederprasseln, soll *Feiert Jesus! Lounge* helfen, vor Gott still zu werden. Diese CD erschien im März 2006 und enthält Bearbeitungen von Lobpreisliedern wie »What a friend we have in Jesus«, »Hebt die Hände auf« oder »Jesus, lover of my soul« in einem entspannenden Sound, der hilft, den Kopf frei zu bekommen und sich bewusst Gott zuzuwenden.

Die »Lobpreisszene« hat sich gewandelt

Wenn nun gerade in den vergangenen Jahren neue Projekte hinzukamen, so wurde dabei immer darauf geachtet, dass der Kern von *Feiert Jesus!* nicht in Frage gestellt wurde. Alle Produktionen entstanden mit dem Ziel, die Inhalte von *Feiert Jesus!* immer wieder einem neuen Publikum zugänglich zu machen. Während die Lobpreisszene in Deutschland vor zwölf Jahren musikalisch noch recht homogen war, unterscheiden sich die Musikstile inzwischen stark, sodass ergänzende Produktionen dieser Entwicklung Rechnung tragen.

Wie es weitergeht, wie sich *Feiert Jesus!* entwickeln wird, ist nicht abzusehen und wird sich in den nächsten Jahren zeigen. Vielleicht braucht es irgendwann *Feiert Jesus! HipHop* oder *Feiert Jesus! Heavy Metal*? Selbst wenn es solche Pläne im Moment nicht wirklich gibt – wenn es der Anbetung dient, neue musikalische Wege zu gehen, dann dürfte *Feiert Jesus!* dazu bereit sein.

Nachdem er sich mit dem Volk beraten hatte, ernannte der König Sänger, die in heiligem Schmuck dem Heer vorangehen und dem HERRN singen und seine Herrlichkeit preisen sollten. Sie sangen. »Dankt dem HERRN; denn seine Gnade bleibt ewig bestehen!«

In dem Augenblick, in dem sie anfingen zu singen und Gott zu loben, ließ der HERR die Heere von Ammon, Moab und aus dem Gebirge Seïr, die Juda angriffen, in einen Hinterhalt laufen, und sie wurden geschlagen (2. Chronik 20,21f.)

Danksagung

Ein Buch wie dieses ist ohne die tatkräftige Unterstützung vieler Menschen nicht möglich. Mein besonderer Dank geht daher an Albert Frey (für all deine Gedanken zum Lobpreis), Lukas Di Nunzio (für den schönen Abend in Heidelberg und deine vielen Anregungen), Alexander Lucas (für die vielen schönen Fotos – Heidelberg hat dich als Bürgermeister verdient!), Daniel Jakobi, Marcus Watta, Gerhard Schnitter (ich kann es kaum erwarten, deine Lieder mit südamerikanischen Rhythmen zu hören ...), den Lektoren Lutz Ackermann und David Neufeld (für die vielen guten Ideen zum Schreiben) und besonders meiner Frau Gabriela für die unendliche Geduld und Unterstützung. Te amo!

Literatur

Klaus Fischer, *Lebendiger Lobpreis. Anregungen für neuen deutschen Jubel für Jesus, Lärm für den Herrn und eine Party bei Vati*, Jesus! Gemeinde Verlag, Rinteln 1995

Albert Frey, *Mit Liedern beten*, R. Brockhaus, Witten 2005

Klaus Göttler, *Mein Herz vor Gott. Anbetung als Lebensstil*, Hänssler, Holzgerlingen 2006

Graham Kendrick, *Anbetung als Lebensstil*, Projektion J, Asslar² 1999

Arne Kopfermann, *Das Geheimnis von Lobpreis und Anbetung*, Projektion J, Asslar² 2002

Mike Pilavachi und Craig Borlase, *When the music fades. Anbetung – mehr als Musik*, Projektion J, Asslar 2004

Don Potter, *Facing the wall. Das Geheimnis von Lobpreis und Anbetung*, Projektion J, Asslar 2003

Matt Redman, *Face down. Gottes Heiligkeit neu entdecken*, Gerth Medien, Asslar 2005

Matt Redman, *Heart of worship. Anbetung als Lebensstil*, Projektion J, Asslar² 2002

Fussnoten

1 Sérgio's Origninalkommentar lautete: »I knew about this project (*Feiert Jesus!*) by a friend who studied in Berlin. We listened to some songs from *Feiert Jesus!* 7 and I loved »Heilig«. I think you should try show some songs from *Feiert Jesus!* here in Brazil. Brazilians love Jesus and sing for Him. I hope that someday I could see a concert from you in Deutschland. By the way, I'm studying German because I want to live in Austria (Österreich) with my wife! Nice work and be with God ever! He loves us!« (Sérgio, Brasilien).

2 Dieser Text von Albert Frey ist ein bearbeiteter Beitrag aus »Teeny Future« (2003).

3 Text & Melodie: Evie Sturm, © 2001 Hänssler Verlag, 71087 Holzgerlingen

4 Text & Melodie: Albert Frey, © 2000 Hänssler Verlag, 71087 Holzgerlingen für Immanuel Music, Ravensburg

5 Originaltitel: The Potter's Hand, Text & Melodie: Darlene Zschech, dt. Text: Daniel Jakobi, © 1997 Hillsong Publishing. Für D, A, CH: CopyCare Deutschland, 71087 Holzgerlingen. Used by permission.

6 Arne Kopfermann, *Das Geheimnis von Lobpreis und Anbetung,* Projektion J, Asslar[2] 2002

7 Arne Kopfermann, *Das Geheimnis von Lobpreis und Anbetung,* Projektion J, Asslar[2] 2002

8 Arne Kopfermann, *Das Geheimnis von Lobpreis und Anbetung,* Projektion J, Asslar[2] 2002

9 Klaus Fischer, *Lebendiger Lobpreis. Anregungen für neuen deutschen Jubel für Jesus, Lärm für den Herrn und eine Party bei Vati,* Jesus! Gemeinde Verlag, Rinteln 1995

10 Dieser Text von Albert Frey ist ein bearbeiteter Beitrag aus »Teeny Future« (2003).

hänssler

Klaus Göttler
Mein Herz vor Gott

Paperback, 80 S., Nr. 394.012, ISBN (10) 3-7751-4012-3,
ISBN 13) 978-3-7751-4012-6

Woran denken Sie, wenn Sie Wörter wie »Lobpreis« oder »Anbetung« hören? Verbinden Sie sie auch mit einem bestimmten Musikstil, einer speziell reservierten Zeit in einem Gottesdienst, in der Loblieder gesungen und gebetet wird? Die meisten tun das. Doch Anbetung ist viel mehr! Entdecken Sie vor allem die Anbetung als Schatz in Ihrem Leben, die Ihre Ur-Sehnsucht zum Ausdruck bringt: Ihr Herz ganz für Gott zu öffnen und ihm völlig Ihr Leben anzuvertrauen. Klaus Göttler öffnet Ihnen den Blick dafür, welch reiche Formen der Anbetung es gibt und wie die Anbetung Gottes sowohl in Ihrem Leben als auch in der Gemeinde einen festen Platz bekommt.

Lesen Sie mehr darüber, wie Anbetung auch Teil Ihres Lebensstils werden kann, denn »wenn unser Herz bei Gott ist, dann ist es da, wo es hingehört«.

Bitte fragen Sie in Ihrer Buchhandlung nach diesem Buch!
Oder schreiben Sie an:
Hänssler Verlag GmbH & Co. KG, 71087 Holzgerlingen.

hänssler

Weitere Produkte zu *Feiert Jesus!*:

392.386 Feiert Jesus! 1 Liederbuch
394.511 Feiert Jesus! 2 Liederbuch
394.442 Feiert Jesus! 3 Liederbuch
099.941 Feiert Jesus! Best Of
099.989 Feiert Jesus! Lounge
099.980 Feiert Jesus! 12
099.950 Feiert Jesus! 11
099.926 Feiert Jesus! 10
099.903 Feiert Jesus! 9
099.999 Feiert Jesus! International
099.934 On The Piano 1
099.962 On The Piano 2
099.998 Listen & Learn – Mp3 CD

Zu *Feiert Jesus!* gibt es noch viel mehr zu entdecken: www.haenssler.de

Bitte fragen Sie in Ihrer Buchhandlung nach diesen Titeln!
Oder schreiben Sie an:
Hänssler Verlag GmbH & Co. KG, 71087 Holzgerlingen.